인어공주는 왜 결혼하지 못했을까

인어공주는 왜 결혼하지 못했을까

당신의 / 연애를 \ 망치는 / 삽질을 \ 멈춰라

피오나 지음

중앙books

내가 더 많이 생각하고 있는 건 아닌지

내가 더 많이 배려하고 있는 건 아닌지

내가 더 많이 좋아하고 있는 건 아닌지

그래서······

내가 더 많이 아파하고 있는 건 아닌지

개정판 서문에 부쳐

결혼은
실천이다

〈인어공주는 왜 결혼하지 못했을까〉가 세상에 나온 지 벌써 5년이다. 그동안 많은 분들에게 사랑을 받았고 이 책을 읽고 결혼한 분들의 소중한 체험기와 함께 개정판이 나오게 되어 저자로서 무척 기쁘다.

많은 연애 책들이 한순간 반짝하고 사라지는 유행을 탔다면 이 책은 지난 5년간 여자들 사이에서 꾸준히 사랑받는 스테디셀러로 자리 잡았다. 그 이유는 무엇일까?

처음부터 나는 이 책을 읽고 실천하기를 당부했다. 이 책을 읽고 실천한다면 1년 안에 결혼할 수 있다는 호언장담도 했다. 나의 바람대로 많은 분들이 이 책을 읽고 실천하게 되어 결혼을 하고 인생이 바뀌는 경험을 했다는 얘기를 종종 하곤 한다.

나 또한 〈인어공주는 왜 결혼하지 못했을까〉가 나오기 전과 나온 후에 아주 다른 인생을 살고 있다. 그 이유는 책이 많이 팔려 유명해져 다른 인생을 살고 있다는 얘기가 아니라 매년 더 행복한 일들이 일어나는 마법 같은 경험을 하고 있기 때문이다.

초판을 출간할 때는 막 결혼을 앞두고 있었던 때였고 지금은 한 아이의 엄마가 되어 있는 것이 가장 큰 변화다. 그리고 이런 변화가 나를 점점 더 행복하게 해주고 있다. 어떤 사람은 결혼하고 아이가 생기는 일이 그렇게 행복한 일이냐고 반문할지 모른다. 하지만 내 경험상 결혼과 아이는 인생에서 가장 행복한 일임에 틀림 없다. 그러나 그 반대로 잘못하면 아주 불행한 일이 되는 양면성을 갖고 있는 것도 사실이다.

처음 책을 출간할 때는 '결혼'이란 제목을 붙이는 것이 위험하다는 얘기를 들었다. 연애 얘기를 할 때 결혼이란 단어가 들어가면 독자들이 부담스러워한다는 출판사의 의견이었다. 그때까지만 해도 여자들이 결혼 얘기를 자기 입으로 꺼내는 것은 굉장히 나약하고 의존적으로 보이고 일하기 싫으니까 돈 많은 남자 만나 팔자나 고쳐보려는 무능하고 무책임한 이미지가 있었던 것이 사실이다. 대신 연애 얘기만 하는 것은 마치 결혼에 집착하지 않고 쿨하게 연애하며 커리어를 쌓아가는 멋있는 여자로 보이기에 충분했다.

그럼에도 불구하고 내가 '인어공주는 왜 결혼하지 못했을까'란 제목을 굳이 고집했던 이유는 여자들이 '결혼'에 대해서 부정적으로 생각하는 것을 바꿔주고 싶어서였다. 결혼이란 여자들이 부끄럽게 얘기하거나 해도 그만, 안 해도 그만인 것으로 취급할 일이 아니라 한 남자를 만나 아이를 낳고 인생을 꾸려가는 아주 중요한 선택이라는 것을 꼭 말해주고 싶었다.

그리고 그렇게 생각이 바뀌지 않으면 결혼을 한다고 해도 행복한 결혼 생활을 할 수 없다. 그것은 누구의 얘기도 아닌 내 경험에서 나온 얘기다.

나는 결혼에 대해 심각하게 인생을 걸고 고민해본 적 없이 그냥 때가 되면 적당한 사람과 하면 되는 것이라고 생각했고 그 결과는 참담했다. 그렇게 몇 년의 시간을 보낸 후 지금의 남편을 만날 수 있었던 것은 '결혼'에 대한 생각이 바뀐 덕분이었다. 그 전까지만 해도 결혼은 구속이며 여자를 불행하게 만드는 사회악이라고 생각했는데 믿었던 남자에게 실연을 당하고 나서는 내가 정말로 결혼을 하고 싶어 한다는 마음의 소리를 듣게 되었다. 그 후로는 어떻게 하면 행복한 결혼을 할 수 있는지 책도 찾아서 읽고 지금까지 하지 않았던 일들을 해보았다. 예를 들면 이 책에 나온 '쓰지 않는 물건 버리기', '먼저 연락하지 않기' 등등. 그렇게 하나씩 실천하다 보니 내 자신이 바뀌어 있었고 지금의 남편을 만나 결혼을 하게 되었다.

우리는 좋은 머리로 생각하고 분석하고 합리화한다. 여러분도 그 좋은 머리로 생각해 보면 나 자신을 바꾸는 것은 '생각'

이 아니라 '실천'이란 사실을 잘 알 것이다.

지난 5년 동안 많은 여자들이 나에게 결혼 소식을 알려왔다. 그리고 나는 늘 기쁜 마음으로 축하해주었다. 그 여자들의 공통점은 다름 아닌 '실천'이었다.

5년 전에 얘기했던 것처럼 지금도 똑같이 말하고 싶다. 이 책을 읽고 실천하라고. 결혼은 실천이라고.

— 피오나

'인공카'는 무엇인가?

'인공카'는 '인어공주는 왜 결혼하지 못했을까(http://cafe.naver.com/renaibeauty)' 인터넷 카페의 줄임말이다. 2009년 필자는 연애 칼럼을 인터넷에 써야겠다는 생각을 하면서 인터넷 카페를 만들었다. 블로그나 SNS에 써서 공개할 수도 있었지만 인터넷 카페를 선택한 이유는 회원들과 '함께 성장하자'라는 생각 때문이었다.

  필자가 결혼에 대한 부정적인 생각을 바꾸고 실제로 결혼하기까지 혼자서 3년이란 세월이 걸렸다. 그 전까지만 해도 변화는 어느 날 갑자기 한 번에 일어나는 일인 줄 알았다. 그런데 나 혼자만의 결심뿐 아니라 다른 사람들도 변했다는 것을 알아보려면 오랜 세월이 필요하다는 것을 깨달았다. 그러기 위해서는 연애 칼럼을 읽는 것으로 끝나는 게 아니라 매일같이 자기 자신을 돌아보고 작은 실천이라도 하려면 함께하는 '공간'이 필요하다는 생각을 했다. 데이트 후기를 쓰고 서로 공유하고 고민을 나누는 상담소가 꾸려지게 된 이유다.

이렇게 만들어진 '인공카'도 이제 5년이 되었다. 인공카에는 20~30대의 미혼 여성들이 주로 모여 있다. 그리고 처음 인공카에 올 때는 미혼이었지만 이제는 세월이 흘러 결혼을 하고 아이를 가진 엄마들도 있다. 시작은 '결혼'을 주제로 이야기하고 고민하는 카페였지만 이제는 여자의 인생을 전반적으로 조망하고 공유하는 곳이 되어 가고 있다.

온라인 상의 카페였지만 지금은 오프라인으로 연애와 결혼을 주제로 '인공카 학교'도 개설해 매년 2회씩 함께 모여 강의를 듣고 공부도 한다. 함께 여행도 가고 정기 모임도 갖고 가끔 맛있는 레스토랑에서 모임도 하며 여자들만의 행복한 커뮤니티를 형성하고 있다.

단순히 책을 한 번 읽는다고 인생이 바뀌지 않는다. 정말로 중요한 순간은 '책을 읽은 후' 어떻게 하느냐에 달려 있다. 인공카는 책을 읽고 난 후에 시작하는 실천의 공간이다. 나 혼자만이 결혼에 대해 힘들어하고 고민하는 것이 아니다.

여자로 살아가면서 한 번쯤은 고민했던 문제들을 해결하고 싶은 이들에게 우리 모두의 공간인 '인공카'는 활짝 열려 있다.

프롤로그

대체 왜 인어공주는 결혼하지 못했을까?

〈신데렐라〉, 〈백설공주〉, 〈잠자는 숲속의 미녀〉, 심지어 〈슈렉〉도 '두 사람은 결혼해서 평생을 행복하게 살았습니다'로 끝난다. 그런데 왜 인어공주만은 왕자와 결혼하지 못하고 물거품으로 사라져야만 했을까?

인어공주가 다른 공주들보다 미모가 뛰어나지 않아서? 그렇다면 피오나가 결혼하지 못했어야 한다. 나중에 나타난 이웃 나라 공주가 훨씬 좋아보여서? 그렇다면 어떻게 집안일만 하던 신데렐라가 다른 나라 공주들을 물리치고 왕자님 마음에 들었을까?

아니면 육지와 바다로 왕자와 인어공주가 사는 공간이 달라서? 오히려 인어공주만큼 사는 공간이 왕자와 가까웠던 경우도 없다. 다들 이웃 나라 왕자이거나 길을 지나던 상황에서 공주를 보고 첫눈에 반해서 목숨을 바쳐 공주를 구한다. 이러니 사는 공간이 다른 것도 답이 될 수 없다.

이미 대답을 알고 있는 사람이라면 이 책을 읽을 필요가 없을지도 모른다. 그러나 왜 인어공주가 결혼을 하지 못하고 물거품으로 사라졌는지 모른다면 이제부터 답을 찾아 여행을 떠나보자.

이 여행은 결코 즐겁지만은 않을 것이다. 자신의 상처를 끊임없이 들추어내게 만들 것이며, 그로 인해 고통스러울 수도 있다. 그러나 힘든 여정 끝에 인어공주가 왜 결혼을 못했는지 알게 된다면 당신은 이제 더 이상 상처 받지 않을 것이다. 자신을 소홀하게 대하는 남자를 쫓아다니는 일도, 또 진심을 바쳤던 남자에게 배신당하는 일도 없을 것이다.

대체 왜 인어공주는 결혼하지 못했을까? 피오나도 했는데…….

한가지 주의할 점은 이 책이 남녀가 어떻게 다른지 심리 상태를 분석하는 것이 아니라 멋진 남자를 만나길 원하는 여성들에게 '어떻게 해야 하는가(how to)'라는 실천 방법을 제시하는 책이라는 것이다. 그러므로 이 책을 읽고 옳다 그르다를 논하기보다는 이 책에 쓰인 방법을 직접 실천해보라! 그러면 당신은 옛날이야기에 나오는 주인공처럼 운명의 상대를 만나 영원히 행복한 인생을 보낼 수 있을 것이다.

차 례

개정판 서문에 부쳐　결혼은 실천이다 6
'인공카'는 무엇인가? 10
프롤로그　대체 왜 인어공주는 결혼하지 못했을까? 12

STEP 1　피오나의 인어공주 연애론
육지로 올라가기 전에 최고의 상태로 만들어라

쓰지 않는 물건을 몽땅 버려라 20 | 머리를 기르고 치마를 입어봐 25 | 3개월간 죽도록 다이어트 해봐! 32 | 끊어라, 담배! 남자 앞에서만이라도 37 | 미소 지어라. 사랑이 올지니 41 | 있는 그대로의 모습을 최고의 상태로 만들어라 44 | 전 남친의 유령과 연애는 이제 그만! 47 | 눈을 낮추라는 말에 발끈하지 마 50 | 취미생활에 대한 미련을 버려 53 | 배려를 버리고 자기중심적으로 사고하라 56 | 애인이 생겨도 여자친구에게 소홀해지지 마! 59 | 남자에게 연애 상담 하지 마라 62 | 행복해질 준비는 이미 끝났다 65 | 연애에도 공부가 필요해! 69

체험기　일만 잘하고 연애는 젬병이었던 골드미스의 대반전 72

피오나의 인어공주 연애론

왕자에게 먼저
다가가지 마라

STEP 2

만남에 모든 방법을 동원하라 78 | 남자에겐 저마다의 스트라이크존이 있다 82 | 토요일 오후를 내주는 남자를 만나라 85 | 데이트 날에는 데이트에만 집중해 88 | 술자리는 가리는 센스를 발휘해줘 92 | 제1의 조건은 나를 좋아하느냐다 95 | 데이트는 신데렐라처럼! 99 | 축구·군대·정치 얘기에 인내심을 발휘하자 103 | 남자에게서 여자 취향을 알아내는 대화법 108 | 내숭은 절대 마이너스가 아니다 111 | 잘해줘도 유난히 싫은 남자가 있다 114 | 설렌다고 다 사랑이 아니다 117 | 심심풀이 남자는 상대하지도 마 120 | 두 번째 데이트가 진정한 첫 데이트 124 | 망부석이 되지 마라 129 | 소설 쓰고 앞서 나가지 마라 132 | 애인과 애인 후보를 구별하라 135 | 모든 남자에게 사랑받겠단 생각을 버려 138

체험기 나쁜 남자들과 짧은 연애만 반복하던 흑역사를 청산했다 143

STEP 3

피오나의 인어공주 연애론

바다에 빠져도 구해주지 말고 목소리도 팔지 마라

밀고 당기기의 진짜 의미 150 | 남녀의 '감정 고리'는 다르다 154 | 죽어도 먼저 고백하지 마 157 | 남자의 말에 넘어가지 마 161 | 남자가 있는 곳으로 만나러 가지 마 165 | 더치페이 하지 마라 1 168 | 더치페이 하지 마라2 172 | 결혼의 '결' 자도 꺼내지 마라 176 | 남자의 일에 질투하지 마라 180 | 잔소리로 남자의 변화를 기대하지 마라 184 | 선물, 센스 있게 주고받아라 187 | 첫 섹스는 언제가 좋을까? 190 | 섹스, 무리한 요구를 들어주지 말 것! 194 | 헌신하면 헌신짝이 되는 이유 198 | 장거리 연애에 성공하는 법 202 | 남자의 마음이 궁금하다면 행동을 봐라 205 | 만남과 이별의 원칙 210 | 끝장 안 보고 헤어지는 법 213

체험기 한 번의 결혼 실패 후 다시 행복을 찾기까지 218

피오나의 인어공주 연애론

STEP 4

기다리다 못해 물거품이 되지 마라

남자의 관심도와 방 청소 원리 224 | 당장 연락을 멈춰라 227 | 연락은 1/3만 받아라 233 | 용건만 간단히! 237 | 고백을 받아

도 연락은 튕겨라 244 | 대화를 마무리하려고 애쓰지 마라 249 | 대화에 집착하지 마라 252 | 남자의 휴대폰을 여는 순간 지옥문이 열린다 257 | 도대체 나 안 만날 때는 뭐 하는데? 261 | 여자를 두 번 울리는 말, 그는 당신에게 반하지 않았다 264 | 식어버린 남자의 마음을 되돌리는 법 267

체험기 결혼 적령기는 지났지만 어떤 남자를 만나느냐가 더 중요했다 273

피오나의 인어공주 연애론

인어공주는 왜 결혼하지 못했을까?

STEP 5

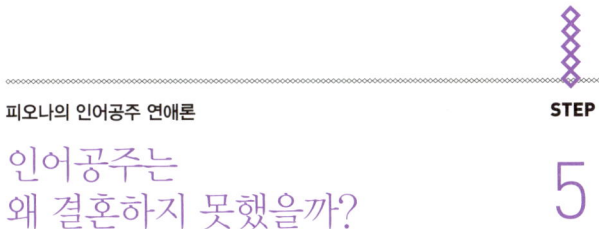

결혼을 꼭 해야 할까? 278 | 원나잇 스탠드가 과연 결혼에 도달할 수 있을까? 281 | '속도위반 결혼' 해도 될까? 284 | 동거, 해도 될까? 287 | 불륜은 절대 로맨스가 될 수 없어 290 | 바람피운 남자는 용서할 필요도 없다 293 | 바람둥이가 정신을 차릴 확률 296 | 절대 '잡은 물고기'가 되지 마라 299 | 내 남자가 결혼 이야기를 꺼내지 않는 이유 303 | 왜 결혼을 목표로 해야 하는가 306 | 백마 탄 왕자가 정말 나타날까? 310 | 사랑이란 무엇일까? 313

에필로그 지금까지 우리가 몰랐던 연애의 진실 316

피오나의
인어공주
연애론

STEP 1

육지로
올라가기 전에
최고의 상태를
만들어라

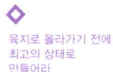
육지로 올라가기 전에
최고의 상태로
만들어라

쓰지 않는 물건을
몽땅 버려라

연애를 하기 위한 첫 준비가 '쓰지 않는 물건 버리기'라니, 전혀 상관없는 이야기처럼 보일지 모르지만 이것이 연애를 하기 위한 지름길이 될 수도 있다. 우리는 지금까지 '가지기'에 대해서만 배워왔고 추구해왔다. 늘 남들보다 더 많이 가져야 하고 더 많이 알아야 하고 더 많이 노력해야 하고, 더 많이 더 많이만 외치며 살아 왔다. 그러나 정작 '버리기'에 대해서는 배워본 적이 없다. 가지기 위한 고민과 노력은 많이 했지만 버리기에 대한 고민과 노력은 해본 적이 없는 것이다.

지금 당장 옷장을 열어보라. 옷장이 꽉 차서 더 이상 옷을 넣을 공간이 없다면 당장 '버리기'를 실천해야 한다. 새 옷장을 사서 또 꽉 차면 그땐 집을 바꿀 텐가? 무엇이든 한계가 있다. 옷을 소유할 수 있는 한계를 '옷장 크기'만큼으로 정하라.

무엇을 버리고 무엇을 두어야 할지 몰라 망설이고 있다면 기준을 세우자. '지난 계절에 한 번도 입지 않은 옷', '낡아서 입기 싫은 옷', '안 입지만 비싸서 못 버리는 옷', '체형이 변해서 못 입는 옷', '단추가 떨어지거나 지퍼가 고장 나서 못 입는 옷' 등을 일단 꺼내라. 이제 옷장에 얼마나 남아 있는가? 그 옷들이 당신에게 필요한 옷이다.

지금까지 입지도 않고 자리만 차지하는 불필요한 옷들에 많은 공간을 쓰고 있었던 것이다. 이제 당신의 옷장에는 충분한 여유가 생겼을 것이다. 당신에겐 옷을 넣은 공간이 없었던 게 아니라 '버리는' 기술이 없었을 뿐이다.

이제부터는 규칙을 정해서 옷을 관리하자. 옷을 하나 사면 반드시 옷 하나를 버리도록 한다. 혹은 버리고 나서 사든지. 그렇게 하지 않으면 당신의 옷장에는 절대로 여유 공간이 생기지 않는다.

두 번째로 정리할 대상은 화장품이다. 화장대 위를 체크하고 화장대 서랍을 열어보라. 선물 받아서 색깔이 안 맞는 립스틱, 쓰다 만 아이섀도, 굳어버린 마스카라, 끝까지 쓰지 못하고 둔 파운데이션. 그중에서도 제일 처치 곤란한 것이 화장품 가게에서 받은 각종 샘플이다. 여행 갈 때 쓰면 좋을 것 같아 받아두었지만 여행은커녕 나들이조차 나서기 어려운 판이니 샘플들은 굴러다닐 수밖에.

이 모든 것을 버려보자. 매일 아침에 바르는 기초화장품과 색조화장품 몇 개만 남은 화장대는 가뿐해지고, 서랍의 반이 비는 신기한 일이 일어날 것이다.

두 번째까지 성공했다면 이번에는 난이도를 높이자. 만약 실천하기 어렵다면 참고로 들어만 두고 나중에 마음이 내킬 때 실행해도 좋다. 바로 CD나 책, 편지(우편물 포함)들이다. 많은 사람들이 이 항목에 대해서 버리기를 꺼리지만 이것들이야말로 공간만 차지하기 딱 좋은 물건들이다. CD도 지금 듣는 것, 책도 지금 읽는 것 외에는 친구들에게 주거나 과감히 버려라. CD 몇 장, 책 몇 권 없어도 생활하는 데 아무 문제가 없다.

다시 읽을 것 같은 책, 다시 들을 것 같은 CD도 평생 다시 꺼낼 일이 없을 것이고, 정말 몇 년이 지났을 때 다시 듣고 싶은 음악이나 읽고 싶은 책이 있다면 그때 또 구입하면 된다. 요즘처럼 CD나 책이 난무하는 시대에는 지금 듣거나 읽지 않는 것이라면 처분하는 편이 훨씬 현명한 일이다.

이와 비슷하게 처치 곤란한 물건이 잡지나 신문이다. 잡지는 언젠가 필요할 것 같아도 절대 다시 들출 일이 없으니 차라리 필요한 부분이나 중요한 부분만 잘라내어 스크랩해두는 쪽이 현명하다. 신문도 오늘이 지나면 다시 읽지 않으니 바로바로 버리자.

편지도 마찬가지다. 물론 소중한 편지도 분명 있다. 그것은 박스 하나를 기준으로 정해서 보관해보자. 박스에 편지들을 넣어두고 박스가 꽉 차면 다시 정리하여 새로운 편지와 우편물들을 보관하는 것이다. 정 버리기가 아깝다면 두 박스 정도 유지하는 방법도 괜찮다. 중요한 것은 어디까지 보관할 것인지 기준을 정하는 것이다.

버리고 정리해야 할 대상은 물건만이 아니다. 휴대폰의 전화번호부 리스트를 체크해보라. 가족을 빼고 1년 동안 전화 통화를 한 번도 하지 않은 사람은 지워버려라. 5년 동안 한 번도 연락하지 않은 초등학교 동창의 연락처는 가지고 있을 필요가 없다. 상대방이 연락을 해온다고 해도 곤란한 내용이 대부분일 것이다. 컴퓨터 파일도 마찬가지다. 정말로 중요한 파일만 남기고 지워버리자.

특히 '남자 리스트'는 제대로 관리해야 한다. 한 번 만나고 연락 없는 남자의 전화번호 따위는 깔끔히 지워야 한다. 그런 남자는 차라리 모르는 번호로 인식해서 받지 말든가 받더라도 누군지 모르는 척하는 게 속 편하다.

품목, 공간 등을 정해 버려보자. 지금까지 버리는 것에 인색했던 당신이라면 이 모든 거사를 치르는 데 한두 달 정도의 시간이 걸릴지도 모른다. 그러나 그 시간 동안 분명히 깨닫는 사실이 있을 것이다.

'소유하기'에 어려운 것이 있다면 '버리기'에도 어려운 것이 있다. 소유하기 어려운 것이 정말 필요한 것이 아니라 '버리기 어려운 것'이 자신에게 필요한 것일 수도 있다. 버리고 버려서 남는 것, 그것이 진정한 자신의 모습이다.

남자와의 관계에서도 마찬가지다. 공간에는 한계가 있는 법. 마음의 공간도 그러하다. 마음의 공간이 쓸데없는 남자들로 가득 차 있으면 새로운 남자가 들어올 틈이 없다.

마음의 공간에 쌓인 쓰레기들을 버리고 또 버려서 새로운 남자가 들어올 공간을 만들어주자. 그것이 연애를 위한 첫 번째 준비 작업이다.

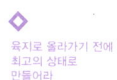

육지로 올라가기 전에
최고의 상태로
만들어라

머리를 기르고
치마를 입어봐

옷장을 비우고 화장품을 버렸다면 이제는 다른 일을 해보자. 시간이 좀 걸릴지도 모르지만 머리를 기르고 치마를 입어보자. 어쩌면 이 말이 패션 스타일을 획일화하자는 말로 들릴 수도 있고 보수적인 사고에서 나온 발상이 아니냐고 따지는 사람도 분명 있겠지만, 이건 그냥 단순히 머리 길이와 치마에 관한 이야기일 뿐이다. 멋있고 촌스럽고를 떠나서 누구를 만나더라도 여자라는 느낌을 줄 수 있는 기본 차림에 관해 이야기하고 싶다.

일반적으로 사람들이 여자를 떠올릴 때의 이미지를 상상해보자. 어린아이들은 여자를 머리가 길고 치마를 입은 상태로 그리고, 화장실 표지판조차도 여자를 머리가 길고 치마를 입은 이미지로 표현한다.

남자들이 여장을 하면 보통 웃음거리가 되거나 이상한 사람으로 여겨진다. 그러나 여자가 남장을 하면? 그다지 거부감이 없을 수도 있다. 오히려 멋있다고 느끼기도 한다. 얼마 전에는 여자가 남장을 하고 나왔던 드라마도 있었으니까. 그런데 남자가 여장을 하는 경우는 코미디물이 전부다.

혹자는 이런 현상이 남성 중심의 사회, 남성우월주의에서 비롯된, 여성화를 비하하는 것이라고 설명하기도 한다. 그러나 그런 이론적인 설명을 덮어두고라도 여자들의 옷차림이나 패션이 남성화되어 있는 것은 부인할 수 없는 사실이다. 길거리를 돌아다녀보라. 짧은 머리에 바지를 입은 여자들을 흔히 볼 수 있다.

그동안 우리는 남자들과 똑같이 학교를 다니고 똑같은 교육을 받으며 긴 시간 동안 옷차림 또한 별 차이 없이 자라왔다. 그러나 이런 옷차림이 남자들 눈에는 어떻게 보일지 생각해본 적이 있는가? 아니면 정말로 진지하게 남자 입장이 되어 거리에서 다른 여자들의 옷차림을 유심히 보면서 생각해본 적이 있는가? 오늘부터 한번 진지하게 남자의 눈으로 여자들의 패션을 관찰해보라. 그동안 눈에 띄지 않았던 여러 가지가 보일 것이다.

지금 커트 머리, 혹은 단발머리라면 어떤 스타일로 꾸밀 것인지 고민을 접어두고 당장 머리부터 길러보자. 그리고 옷장을 열어 본인이 가진 옷들 중 치마보다 바지가 많다면 당장 치마를 사도록 하자. 만약 치마를 사기가 어렵다면 바지를 보이지 않는 곳에 치워두고 어쩔 수 없이 같은 치마라도 자주 입도록 노력해보자.

'머리를 기르고 치마를 입으라'는 말에 바로 반박하는 사람도 있을 것이다.

"난 짧은 머리가 어울린다고요."
"개성 있는 머리면 되지 않아요?"
"미용실 언니도 지금 내 머리가 딱 보기 좋다고 했는데."

가장 최악의 대답은 이것이다.

"짧은 머리가 편해요. 기르려면 여러모로 귀찮고 샴푸 값도 많이 들고."

짧은 머리가 어울린다고 누가 그랬는지 곰곰이 생각해보라. 대부분 주위의 여자친구들이거나 아주 가끔 당신의 기분을 거스르지 않으려는 남자들일 것이다. 생각해보라. 그들이 머리 짧은 당신에게 굳이 머리를 기르라고 입 아프게 말할 이유는 전혀 없다. 그저 지금 당신의 모습을 보기 좋다고 해주면 인간관계를 무난하게 유지할 수 있는데 굳이 머리를 기르라 마라 왈가왈부할 필요가 없는 것이다. 그들은 그런 말이 괜히 당신의 반감만 살 뿐이라는 것을 잘 알고 있다. 아니면 당신이 머리가 길든 짧든 관심이 없는 사람들임에 틀림없다.

그래도 '남들하고 다른 세련된 짧은 머리는 어때요?'라고 되물을 텐가? 당신보다 훨씬 세련되고 예쁜 여자 연예인들이 영화나 드라마 속의 콘셉트가 아닌 이상 대부분 왜 그렇게 긴 머리를 고수하는 건지, 아직도 그 이유를 모르겠는가? 한국에서 가장 예쁘다는 연예인들조차도 머리를 기른다. 그 긴 머리 스타일이 의미하는 바를 꼭 깨닫기 바란다.

헤어스타일리스트가 당신에게 짧은 머리가 어울린다고 했다면 그 말이 맞을 수도 있다. 그러나 머리 스타일이 내 인생을 좌우할 수도 있는데, 내 인생을 그들의 말 한마디에 맡길 수는 없지 않은가. 짧은 머리가 편하다는 것도 핑계일 뿐이다. 누가 뭐라고 해도 꿋꿋이 머리를 길러라. 미용실 언니가 헤어스타일을 바꿔보라고 권할 때, 그때가 바로 유혹을 꾹 참아야 할 때다.

미용실에 너무 안 가서 미용실 언니에게 미안하거든 남자친구와 데이트가 있거나 가끔 차려입고 나가야 할 때 드라이나 세팅을 하자. 멋도 내고 기분 전환도 하고 미용실 언니도 기쁘게 해주니 일석삼조. 절대로 머리를 자르는 일만은 하지 않기를! 잠깐의 실수로 1년이 넘는 시간을 머리 기르는 일에 보내야 할 수도 있다는 걸 명심하라.

내 말이 믿기지 않는다면 당장 실험을 해봐도 좋다. 여자이기에 한 번쯤은 긴 머리를 했던 사진이 있을 것이다. 그때의 사진을 아무 남자에게나 보여주고 지금과 그때를 비교해달라고 해보자. 남동생이라도 상관없다. 물론 헤어스타일이 다르다는 힌트는 주지 말고 '이거 옛날 사진인데, 언제가 나아?'라고 아무렇지도 않게 물어보면 남자들은 십중팔구 머리가 긴 사진을 찍을 것이다. 남자들의 선호도는 분명하고 단순해서 보통 동일인이라면 긴 머리가 더 예쁘다고 느낀다.

치마도 마찬가지다. 옛날과 달리 아주 세련된 스타일의 청바지가 등장했고, 심지어 어느 브랜드의 어떤 상품이 다리가 길어 보이는지까지 세세하게 선전하고 있다. 그러나 아무리 멋있게 입는다고 해도 청바지는 청바지일 뿐이다.

처음 남자를 소개받는 자리에 입고 나갈 옷이 100만 원짜리 청바지와 1만 원짜리 치마가 있다고 한다면 난 1만 원짜리 치마를 입겠다. 남자들은 청바지를 입고 나오면 브랜드를 알아보기 전에 무의식적으로 '어, 왜 나를 만나는데 청바지를 입고 나왔지? 성의가 없네'라고 대부분 생각한다. 혹시 없는 돈에 아끼고 아껴서 고가의 청바지를 샀다면 고이고이 아껴두었다가 애인으로 발전한 뒤 여행을 갈 때 입자.

아무리 보잘것없더라도 남자들에게는 여자를 여자로 느끼게 해주는 것이 바로 치마다. 단 하나, 청치마도 청바지와 비슷한 효과를 내므로 초기에는 피하는 게 좋다. 지금까지 아주 잘 어울리는 짧은 머리와 멋있는 스타일의 청바지를 맘껏 입었던 당신이라면 잘 어울리는 긴 머리로 바꾸고 잘 어울리는 치마를 찾아내는 일이 그렇게 어렵지는 않을 것이다.

내가 이런 단순한 원리를 깨닫게 된 것은 어느 날 전철 안에서였다. 맞은편에는 평범한 얼굴에 평범한 양복을 입고 있는 남자가 앉아 있었고, 바로 그 옆에 같은 나이 또래의 남자가 찢어진 청바지에 요란한 헤어스타일을 하고 있었다. 그 둘을 비교하면서 청바지를 입고 한껏 꾸민 남자가 멋있다고 생각은 했지만, 만약 저 둘 중에 애인을 고르라면 무난한 양복을 입은 사람을 고를 것 같다는 생각이 들었다.

여자가 남자를 볼 때처럼 남자가 여자를 볼 때에도 희망하는 이미지가 있다. 여자는 남자가 남자답기를 바라고 남자는 여자가 여자답기를 바란다. 여자들의 남성적인 옷차림, 혹은 화려한 옷차림은 남자에게 상당한 거부감을 줄 수 있다. 물론 두꺼운 화장과 눈을 강조한 화장 등도 남자들은 선호하지 않는다. 여성들이 건강한 피부를 강조한 내추럴 메이크업 쪽으로 마음이 돌아서는 것도 그러한 경향을 알아챘기 때문이 아닐까?

남자들은 자신의 취향에 대해서 잘 설명할 줄 모른다. 또 열심히 꾸미고 나온 여자친구에게 싫은 소리를 하는 것도 내키지 않아서 아무 말 못하고 있는 것인지도 모른다. 그러나 우리 모두는 알고 있다.

긴 생머리에 하얀 원피스를 입고 자전거를 타는 소녀에 대한 로망이 남자의 가슴 깊이 자리 잡고 있다는 것을. 그렇다! 긴 생머리에 하얀 원피스면 충분한 것이다.

주말에 데이트가 있다 해도 뭘 입을지 고민하지 말자. 옷장에 걸린 옷 중에서 가장 무난하고 여성스러운 옷을 입기만 하면 된다. 화려한 액세서리도 새로운 화장품도 필요 없다. 평범한 여성스러움이 나의 벽을 허물어주고 상대방이 내게 다가올 수 있도록 도와줄 테니까.

육지로 올라가기 전에
최고의 상태로
만들어라

3개월간 죽도록
다이어트 해봐!

　　　　　　　　이번에는 머리 기르기와 치마 입기보다 조금 더 어려운 코스! 긴 머리와 치마가 어울리는 몸매를 만드는 일이다. 자신 없는 몸매를 비싼 옷과 액세서리로 커버하는 것보다는 차라리 다이어트를 하는 것이 훨씬 경제적이다.

　남자들은 브랜드에 밝지도 않고 유행하는 패션도 잘 모른다. 그렇기 때문에 당신이 어렵게 장만한 옷에 대한 센스를 알아보기 전에 옷을 입고 있는 당신의 몸에 대해서 먼저 느낀다. 그러나 여자에게는 절대 기분 나쁜 말을 해서는 안 된다는 것을 너무 잘 알고 있는 남자들은 옷이 잘 어울린다는 칭찬을 해줄 것이다. 그런 겉치레 칭찬을 진짜로 믿는 여자들이 아직도 있다는 게 문제다.

남녀 간의 만남은 머리나 이성적 사고에서 시작되지 않는다. 조건들을 얘기하지만 그것은 자신이 인식하는 범위 내의 얘기고 이미 자신이 인식하지 못하는 무의식에서, 다시 말하면 '이성에게서 느껴지는 특수한 호감'으로부터 시작된다. 그 호감을 시시콜콜한 이유들로 설명하기는 상당히 힘들다. 그러나 이 설명 못하는 호감이 관계를 지속하게 만든다.

남자들이 처음에 느끼는 호감은 여자들의 '외모'에서 온다는 것을 우리는 수없이 들어왔다. 그러면서도 우리는 외모가 전부가 아니라는 얘기에 더 무게를 두며 자신의 정신이 외모를 뛰어넘어 어떤 남자에게는 어필하리라 믿어 의심치 않는다.

이쯤에서 냉정히 생각해보자. 남자친구가 아무것도 변하지 않은 상태에서 얼굴만 미남이 되었다면 당신은 '내 남자친구가 아니야'라며 차버릴 텐가? 아니면 호박이 넝쿨째 굴러왔다며 '이건 지금까지 착한 일을 많이 하고 살아온 데 대한 신의 선물'이라며 기뻐할 텐가?

어떤 노력을 통해서도 지금보다 아름다워지는 것은 플러스가 되면 되었지 절대로 마이너스가 되지 않는다. 왜 이 단순한 진리를 여자들은 그 좋은 머리를 갖고도 애써 부정하는 것일까? 답은 간단하다. 다이어트를 하는 것보다 다이어트를 하지 않는 것이 편하기 때문이다.

인간은 자기합리화에 능숙한 동물이다. 또한 자신에 대해서는 한없이 관대하다. 주위 사람들을 관찰해보라. 당신은 1분도 안 되어서 다이어트가 필요한 사람과 그렇지 않은 사람을 당장 구분해낼 수 있을 것이다. 그 시선으로 당신을 바라보라.

3개월을 지속해서 다이어트를 해본 사람만이 다이어트가 단순히 살을 뺀다는 일념만으로 지탱되는 게 아니라는 것을 안다. 배고픔을 참는 정신적 노력과 3개월을 꾸준히 이어가는 성실함을 발휘하자! 아름다운 외모를 위해서는 강한 정신력이 필요하고 그 정신력을 발휘한 사람은 남자를 만나도 실패하지 않을 것이다.

남자들은 대부분 일정한 기준의 미인을 좋아하는 것이 아니라 자기 취향의 여자에게 반한다. 남자들은 시각적인 부분에 있어서는 여자보다 훨씬 더 섬세하기 때문에 여자들이 남자를 보듯 전체적인 느낌과 분위기를 보는 게 아니라 자기가 선호하는 구체적인 신체 부위의 생김새나 느낌에 반응한다. 코나 눈, 심지어는 귀 모양에까지 집착하는 것이 남자들이다. 그리고 자기 취향의 여자가 아니라면 절대 접근하지 않는다.

남자의 취향을 전부 알 수는 없지만 기본적인 여성스러움마저 갖추지 않으면 남자들이 자기 취향인지 아닌지 판단하는 범위에 들기도 어렵다. 앞서 얘기한 긴 머리와 치마는 평범한 여성스러움을 위한 하나의 장치다. 마찬가지로 불룩 나온 배와 뚱뚱한 몸매는 평범한 여성스러움과는 거리가 멀다. 몇십 년을 갈고 닦아온 내면이 제대로 평가받기도 전에 평범한 여성스러움을 갖추지 못한 탓에 '연애 대상 외'가 되는 것은 너무 슬프지 않은가?

흔히들 예쁜 얼굴보다 성격이 중요하다고 말하지만 이는 얼굴이 '좀 되는' 사람들이나 자신 있게 할 수 있는 말이다. 이 말을 외모보다 성격이 중요하다고 해석해서는 절대 안 된다. 내면이 중요하다고 생각하는 만큼 같은 비율로 외모가 중요하다고 생각하라. 내면이 90퍼센트가 중요하고 외면이 10퍼센트만 중요한 것이 아니라 내면이 90퍼센트라면 외면도 90퍼센트를 차지해야 한다. 외모가 자신의 내면을 제대로 평가받기 위한 하나의 장치에 불과할지라도 그 장치를 소홀히 관리해서는 안 된다는 말이다.

나는 정신 상태만 죽어라 강조하다 결국 생각의 문제로 귀결시키는 뻔한 이야기를 늘어놓을 생각은 없다. 이미 그런 내용의 책은 세상에 차고 넘친다. 그런 책은 남녀의 차이점에 대한 논란만 일으킨 채 '서로를 이해하라!'는 무책임한 해결책만 제시한다. 내가 이 책을 쓰는 이유는 남녀의 차이점을 설명하고자 하는 것이 아니라 어떻게 하면 제대로 된 남자를 만나서 제대로 된 연애를 하는지 그 방법을 알려주고 싶기 때문이다.

어떤 다이어트라도 좋다. 단, 3개월 동안 꾸준히 해야 한다. 주위 사람 또는 전문가의 도움을 받아도 좋다. 다이어트에 성공한 당신은 내면도 더욱 강해지고 아름다운 몸매도 얻게 될 것이다. 어쩌면 당신을 둘러싼 환경이 바뀔지도 모른다. 3개월 동안 다이어트를 한 C양에게 들은 말이 인상적이었다.

"평생 한 번도 '예쁘다'는 말을 들어본 적이 없는데 살 빼고 나서 처음 들어봤어요."

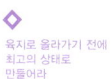
육지로 올라가기 전에
최고의 상태로
만들어라

끊어라, 담배!
남자 앞에서만이라도

　　　　　　　　　담배가 기호식품인 만큼 남이 왈가왈부할 문제는 아니지만, 당신이 흡연자라면 주변에서 어느 누구도 해주지 않았을 얘기를 해보고자 한다. 우선 지금부터 내가 하는 '담배' 얘기에 대해 오해하지 말아주길. 나는 금연 운동가도 아니며 또한 여자는 담배를 피워서는 안 된다고 생각하는 보수적인 사람도 아니다. 내 주변의 여자친구들이 담배를 피운다 해도 어떠한 편견도 없이 대하고 있다고 장담한다.
　　그러나 지금 당신이 흡연자이고 별 볼일 없는 남자들만 만나거나 애인이 없다면 당장 담배를 내려놓으라고 권하고 싶다. 이유는 단 한 가지, 담배나 담배를 피우는 모습이 여성스러운 것과는 거리가 멀기 때문이다. 동서고금을 막론하고 여성스러운 이미지의 캐릭터를 담배와 연결시켜놓은 경우는 없었다. 물론 여성 작가나 지적인 캐릭터와 담배를 연결시킬 때가 있기는 하지만 그런 경우는 아주 드물다.

담배는 남성적인 이미지다. 그래서 담배를 끊는 것은 머리를 기르고 치마를 입는 것, 다이어트 하는 것과 같은 원리로 이해하면 된다. 남자들은 괜찮다고 생각했던 여자가 담배를 피우는 모습을 본다면 호감도가 떨어진다고 말한다. 물론 우리 앞에서가 아니라 그들끼리 있을 때만. 우리나라가 보수적이어서 우리나라 남자들만 그렇다고 생각하면 착각이다. 일본이나 미국 남자들도 노골적으로 표현을 안 할 뿐이지 담배를 피우는 여성에 대한 이미지와 피우지 않는 여성에 대한 이미지를 동등하게 생각하지 않는다.

애인을 찾는 외국의 한 인터넷 사이트에도 흡연자인지 비흡연자인지 체크하는 항목이 반드시 있다. 이 항목이 의미하는 바는 자신의 파트너가 될 상대방에 대해서만큼은 흡연자인지 비흡연자인지 아는 것이 그만큼 중요하다는 의미다. 흡연자라도 비흡연자를 택할 확률이 있으니 비흡연자가 남성들에게 노출될 확률은 그만큼 높아진다. 여성적인 매력을 조금이라도 높이기 위해 노력하면서 굳이 여성스럽지 않은 담배를 일부러 선택할 필요는 없는 것이다.

그러나 이미 당신이 흡연자이고 여러 차례 금연을 시도해

봤지만 실패한 사람이라면? '남자'를 만나는 동안만이라도 담배를 참는 방법을 권한다. 비흡연자라고 거짓말하라는 것이 아니라 굳이 흡연자임을 밝히지 말라는 얘기다. 처음 만나는 남자라면 하루 종일 만날 일도 없고, 길어야 대여섯 시간 정도 만날 것이다. 그동안만이라도 담배를 참아라. 그리고 데이트를 계속해 가면서 진짜 사귈 남자라면 그때 고백하든지 아니면 아예 담배를 끊으면 된다. 이미 남자가 당신에게 푹 빠져 있다면 당신이 흡연자라는 사실을 가지고 몰아붙이기보다는 친절하게 금연의 길로 안내해주려 할 것이다.

실제로 흡연자였던 친구 L은 남자를 만날 때만 담배를 참았다. 교제가 길어지는 남자가 생겨서 단순히 숨기는 것으로 해결이 되지 않자 병원을 찾았고 금연에 성공했다. 그녀의 얘기로는 자신을 정말로 사랑해주는 남자에게 담배를 피우는 모습을 보여주기도 싫었으며 그동안 숨겨왔다는 것도 밝히기 싫어서 아예 담배를 끊었다는 것이다. 애인에게는 처음부터 비흡연자였다는 이미지를 주는 데 성공했고 거짓말도 하지 않은 것으로 결론이 났다.

혹시 담배를 끊는 데 자신이 없다면 주변에서 금연에 성공한 사람들에게 끊임없이 노하우를 물어보라. 사람마다 여러 가지 방법이 있으니 그중에서 자신에게 맞는 방법을 발견하면 쉽게 금연에 성공할 수 있다.

이미 당신이 흡연자인 것을 아는 주변의 친구나 직장 동료들은 당신에 대한 애정 때문에 담배 연기를 참으며 이제껏 당신에게 직접적으로 말하지 못했을 뿐이다. 이것은 친구가 살을 빼야겠다고 할 때마다 전혀 뚱뚱해 보이지 않는다며 다이어트를 말리는 것과 같은 이치다.

막상 당신이 금연에 성공한다면 주변 사람들이 얼마나 큰 애정으로 당신의 흡연을 참아주었는지 새삼 느낄 수 있을 것이다. 물론 가장 중요한 것은 가끔 보는 주변 사람들보다 늘 함께 있을 평생의 동반자에게 자신이 어떤 이미지로 비쳐질지 먼저 생각하는 것이다.

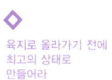
육지로 올라가기 전에
최고의 상태로
만들어라

미소 지어라,
사랑이 올지니

'웃는 얼굴에 침 못 뱉는다'는 말이 있다. 자기계발 강의 같은 곳에서는 '하루에 열 번을 웃어라'는 식의 교육을 펼치기도 한다. 좋은 말이라는 것을 누구나 알고 있지만 마음 한구석에선 '도대체 웃을 일이 있어야 웃지! 억지로 웃는 것도 한계가 있지!'라고 묘한 반항심이 생긴다.

웃는 얼굴을 억지로 만들어봤자 무리해서 웃고 있다는 걸 남들도 금세 알아차린다. 여러분도 진짜 웃고 있는 사람과 접대용 미소를 날리는 사람을 구분할 수 있을 것이다. 웃으면 복이 오고 건강해지고 늙지도 않는다는데 대체 어떻게 하면 싱글싱글 웃을 수 있을까?

정말로 웃으려면 먼저 마음속에 불안이 없어야 한다. 불안이 없으면 늘 웃는 얼굴, 환한 얼굴이 된다. 사실 불안은 애초에 없는 것을 스스로 만들어낸 허상의 괴물에 지나지 않는다. 어린 시절부터 돌아보면 우리는 늘 불안에 시달려왔다.

'넌 공부 안 하면 대학에 못 들어갈 거야.'

이거야말로 심한 불안심리 조장이다. 맞는 말인 듯하지만 틀린 말이기도 하다. 전부 다 미래형이기 때문이다. 공부를 안 하는 것도 미래, 대학에 못 들어가는 것도 미래의 얘기다. 무엇보다 공부를 해도 대학에 못 들어갈 수도 있는 것 아닌가? '공부를 하면 좋은 대학에 갈 수 있을 거야'라고 생각할 수도 있는데 굳이 '공부를 안 하면 대학에 못 갈 거야'라고 생각해서 불안감을 조성한다.

어떤 여자들은 흔히 '요리도 제대로 못하고 할 줄 아는 게 없으니 시집이나 가겠어?'라고 생각한다. 그러나 현실은 다르다. 요리를 못해도 결혼할 수 있고, 더 나아가서는 맛있는 것을 사 먹으며 결혼생활을 유지할 수도 있다. 몇 번 데이트를 하던 사람에게 연락이 오지 않으면 '오늘까지 전화가 안 오면 그만 연락하자는 뜻일 거야'라고 쉽게 단정 짓는다. 아직 하루가 다 가지도 않았고 저녁까지 전화가 안 오는 일도 일어나지 않았는데 벌써 이별에 대한 생각으로 불안해한다.

우리는 이렇게 있지도 않고 일어나지도 않은 미래에 대해서 부정적으로 상상하는 '불안'에 지배받아왔다. 그래서 웃을 수 없었던 것이다. 문제는 이 불안이 현재의 상황과는 전혀 무관한 데서 시작된다는 것이다. 일어나지도 않은 일을 걱정하느라 '웃는 예쁜 얼굴'을 못 만드는 것은 너무 억울하지 않은가?

세상을 살아가면서 불안해할 일이란 어찌 보면 하나도 없다. 지금 애인이 없다고 해도 그것은 지금일 뿐, 내일은 혹은 다음 주에는 남자친구가 생길지도 모른다. 지금 면접에서 떨어졌다고 해도 앞으로 영영 취업을 못할 것처럼 불안해할 필요가 없다.

다시 원서를 넣고 면접을 보면 또 어떻게 달라질지 모르는 일이다. 남자친구가 출장을 간다고 해놓고 연락이 없다고 해서 나와 헤어지려는 것이 아닐까 불안해하지 마라. 그것이 이별의 신호인지는 지금 당장이 아니라 최소한 일주일이 지나야 알 수 있으니까.

스포츠 선수들이 이미지 트레이닝을 할 때에는 이번 시합에서 질지도 모른다는 생각을 하는 게 아니라 '나는 꼭 이길 거야'라는 생각만 한다고 한다. 실제로 그렇게 이미지 트레이닝을 했을 경우 결과가 더 좋다고 한다. '나는 질지도 모르니 열심히 해서 이겨야지'가 아니라 아예 처음부터 지는 것을 떠올리지 않는다는 데 포인트가 있다.

오늘부터 불안을 갖다 버리자. 불안은 스스로 만든 생각의 괴물일 뿐이다. 이제 거울을 보며 웃어보자. 예쁜 얼굴이 저절로 만들어질 것이다.

육지로 올라가기 전에
최고의 상태로
만들어라

있는 그대로의 모습을
최고의 상태로 만들어라

'있는 그대로의 모습'이라는 말을 자주 쓴다. '있는 그대로의 모습'을 사랑해줄 사람을 찾는다거나 '있는 그대로의 모습'을 받아들인다는 표현들이 그렇다. 과연 '있는 그대로의 모습'이란 무엇일까?

'있는 그대로의 모습'은 상대방에게 '있는 그대로의 모습'으로 받아들여졌을 때 비로소 의미가 있다. 나 혼자 내 모습을 '있는 그대로의 모습'이라고 백날 생각해봤자 받아들이는 쪽에서 '꾸민 모습'으로 받아들인다면 말짱 황이다. 만일 처음 만나는 남자가 전날 숙취에 절어서 면도도 하지 않고 구겨진 옷차림으로 만나러 나온다면 당신은 그것을 '있는 그대로의 모습'이라고 기분 좋게 받아들일 수 있겠는가?

해답은 하나, 있는 그대로의 모습을 최고의 상태로 만들기 위해 노력하는 것이다. 그리고 그 모습을 최고의 상태로 유지하도록 노력해야 한다. 있는 그대로의 모습은 외모만을 말하는 것이 아니다. 스타일, 말하는 억양, 몸짓, 자세, 소지품 정리 등등 이 모든 것이 한데 어우러져야 한다.

이를 위해 일상생활에서 노력해야 할 것이 참 많다. 기본적으로 매일매일 씻기를 게을리 해서는 안 되고, 지속적인 피부 관리·몸매 관리에 신경 써야 하며, 저속한 언어를 사용하지 않고, 걷거나 앉을 때에도 반듯한 자세를 유지해야 한다.

또한 음식점에서 신발을 벗고 올라설 때도 최소한 자기 신발 정도는 정리할 줄 알아야 하고, 사무실 책상은 깨끗하게 정리하며, 커피를 마시고 난 종이컵도 쌓아두지 말고 바로 버린다. 매번 정리하는 게 어렵다면 적어도 퇴근할 때만큼은 책상을 둘러보며 깔끔하게 정리하자. 제때에 옷을 갖춰 입을 수 있도록 계절에 맞게 옷장 정리를 해놓고 액세서리도 아무 데나 굴러다니지 않도록 한군데 모아두자.

주변 사람들에게는 늘 상냥하게 웃으며 먼저 인사하고 사람들이 불편해하는 개인적인 질문은 하지 않는 센스도 필요하다. 예를 들면 "결혼하셨어요?", "남자친구 있어요?", "어느 학교 나오셨어요?" 등등 민감한 얘기는 꺼내지 말자. 별로 친하지 않은 사람에게는 순간 웃고 즐겁게 얘기할 정도의 화제만으로도 족하다는 걸 명심하자. 남의 험담을 하거나 부정적인 의견을 말하는 것도 피하는 것이 좋다.

 '있는 그대로의 모습'은 내가 어떻게 노력하느냐에 따라 얼마든지 변할 수 있다. 자신이 생각하는 이상적인 모습이 되기 위해서는 노력이 필요하다는 것을 잊지 말자. 좋은 이미지는 한 방에 얻어지는 게 아니다.

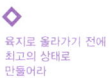

육지로 올라가기 전에
최고의 상태로
만들어라

전 남친의 유령과
연애는 이제 그만!

우리에겐 '전 남자친구'라는 막강한 존재가 있다. 이상하게도 전 남자친구는 어딜 가나 열심히 따라붙는 유령과도 같다. 소개팅을 나갔더니 전 남자친구보다 키가 작아서 마음에 안 들었고, 동호회에서 만난 남자는 전 남자친구보다 학력이 별로였다. 심지어 바에 갔다가 원나잇 스탠드를 했는데 전 남자친구보다 섹스도 별로였다. 이쯤 되면 정말 전 남자친구를 잊을 수 있을지, 괜히 헤어진 건 아닌지 고민이 시작된다. 이대로 영영 새로운 남자는 만날 수 없는 게 아닌지 우울하기까지 하다. 과연 그 많은 남자들이 정말 전 남자친구보다 못하고, 실제로 전 남자친구가 그렇게 잘났던 걸까?

실제로 그럴 수도 있겠지만 당신이 한 가지 사실을 놓치고 있다는 건 분명하다. 전 남자친구가 정말로 날 사랑했다면 떠나지 않았으리라는 사실이다. 물론 당신이 찼을 수도 있지만 당신이 찼을 때 잡지 않았다는 것 자체가 그만큼의 애정밖에 없었다고 할 수 있다. 먼저 이 사실을 인정하고 받아들이자.

전 남자친구를 잊을 수 있는 비법을 알려드리겠다. 새로운 남자들을 만날 때 마음속에 점수표를 만들어보자. 이 점수표는 누구나 동등하게 0점부터 시작해야 한다. 처음에 호감이 가거나 혹은 비호감이더라도 0점에서 시작한다. 그 이후로 장점이 보일 때마다 10점씩만 주는 것이다. 한꺼번에 20점을 주어서도 안 되고 마이너스도 없다.

지금 당신에게 접근하는 남자와 전 남자친구를 두고 점수 매기기를 해보자. 전 남자친구도 현재 남자도 0점이다. 전 남자친구의 외모가 좋았으니 10점을 준다. 지금 남자가 외모는 별로이니 줄 점수가 없지만 그 대신 매너가 좋으니 10점을 준다. 전 남자친구가 키가 컸으니까 10점을 주고 지금 남자도 키가 비슷하니 10점을 준다. 전 남자친구가 목소리가 좋았으니 10점을 주고 지금 남자는 패션 센스가 좋으니 10점을 준다. 현재까지 똑같이 30점인 셈이다.

이렇게 보면 지금 남자와 전 남자친구가 동등하다. 앞으로 어떤 점수를 주게 될지는 미지수지만 현재 남자가 더 높은 점수를 딸 확률이 높다. 그 남자가 앞으로 계속 만나면서 당신으로부터 호감을 얻으려고 노력한다면.

이 점수 매기기 방법은 앞으로 만날 남자에게도 유용하다. 지금까지 당신이 전 남자친구를 못 잊었던 것은 전 남자친구의 외모에 70점을 주고 현재 남자의 매너에는 30점을 주면서 차등을 두었기 때문이다.

누구나 함께한 시간에 대한 추억을 가진 사람이 애틋하게 마련이다. 하지만 그런 과거의 유령에서 벗어나 현재를 살아가야 할 때다. 현재 내 옆에 있는 사람이 과거의 유령보다 더 소중할 수 있다는 사실을 잊어버리지 말자. 더 이상 전 남자친구가 연락을 해오지 않을까, 1년쯤 지나면 내 앞에 와서 무릎을 꿇고 빌지 않을까, 내가 먼저 연락하면 돌아오지 않을까, 가슴앓이를 하지 말고 힘차게 앞을 향해 걸어가자. 미래에는 분명 더 멋진 새로운 남자친구가 기다리고 있을 것이다.

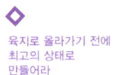
육지로 돌아가기 전에
최고의 상태로
만들어라

눈을 낮추라는 말에
발끈하지 마

　　　　미혼에 애인도 없는 여자들이 제일 듣기 싫어하는 말 중에 하나가 '눈이 높아서'다. 내가 보기에도 신기한 것이, 그 말은 세대를 건너서 끊임없이 전해져오고 있다. 나를 비롯한 많은 여자들이 '난 눈이 절대 높지 않아!'라고 생각해왔고 앞으로도 그럴 것이다. 당신에게 눈을 낮추라고 권하고 싶지도 않다. 다만 이 말의 깊은 의미만큼은 새겨둘 만하다고 생각한다.
　예전에 만났던 남자들을 돌이켜보면 당신에게 꽤 자주 연락을 했던 남자, 선물을 잘 해주던 남자, 길거리에서 쫓아왔던 남자, 지금은 다른 여자와 결혼했지만 대기업에서 안정적인 자리에 있는 남자, 단 하룻밤이긴 했지만 짜릿한 경험을 하게 해주었던 남자, 만나달라고 집 앞까지 찾아와서 사정했으나 매몰차게 거절했던 남자 등 별별 남자들이 있을 것이다. 자신에게 관심을 가져줬던 남자는 그렇게 많았는데도 그중에서 한 명을 고르지 않았던 자신이 잘못했다며 반성하고 있을지도 모르겠다. 아니면 현재 남자친구를 그들과 비교하며 그때 왜 그 좋은 남자들을 놓쳤을까 후회할 수도 있다.

이런 생각은 당신 스스로를 기분 좋게 해주는 환상에 지나지 않는다. <u>그 많은 남자들이 다 떠나고 현재 당신이 혼자라면, 혹은 그 많은 남자 중에 지금 남자친구가 제일 보잘것없다면, 당신에게 진정한 애정을 가진 사람이 없었거나 그런 남자는 지금 남자친구라는 뜻이다.</u>

당신 곁을 떠난 남자들은 그 순간 관심을 가졌고 더 이상 관심이 없어지자 떠난 것뿐이다. 그런데 당신은 단순히 접근했던 남자들을 기준으로 아직도 그런 남자들로부터 관심을 받을 수 있을 것이라고 착각하고 있다. 심지어 자신이 남자들을 많이 거절했다고 생각할지도 모르지만 거절한다고 해서 물러나는 것은 애초에 딱 그만큼만의 애정밖에는 없었다는 의미다.

어떤 남자였는지 냉정하게 돌아보라. 당신과 정말로 진지하게 사귀었던 남자들로 한정해서. 어쩌면 주변 사람들이 더 냉정하게 당신에게 어울리는 남자의 기준을 알고 있을지도 모른다. 그래서 '눈을 낮추라고' 상징적인 말로 충고하는 것은 아닐까? 물론 눈을 낮추라고 충고하지 않는 사람들이 더 배려심이 있다는 것은 사실이겠지만.

당신이 자존심을 갖는 것은 당연한 일이고 그래야 한다. 그러나 현실을 직시하는 힘도 필요하다. 잠시 당신에게 관심을 가졌던, 세상의 기준으로 볼 때 적당한 남자를 떠올리는 대신에 당신에게 정말로 깊은 애정을 가진 남자를 찾는 것이 행복한 삶을 손에 넣는 방법이다.

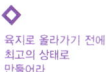
육지로 올라가기 전에
최고의 상태로
만들어라

취미생활에 대한
미련을 버려

　　　　　　주변을 보면 취미생활이나 자기계발에 열심인 사람들이 많다. 영어학원을 다니는 것 같더니 어느 순간엔가 수영도 다니고, 여름휴가 때는 머나먼 해외도 다녀와서 미니홈피가 즐거운 사진으로 넘쳐나는 사람들이 있다. 그런데 어느 순간 남자친구가 생겨버리면 이러한 자기계발, 취미생활을 중지하고 남자친구를 위해 모든 시간을 비워놓는다.
　　그렇다면 이젠 거꾸로 해보자. 더구나 진지한 연애, 결혼을 생각하고 있다면 이 패턴을 바꾸는 것도 중요한 계기가 될 것이다.
　　남자친구가 없을 때는 열심히 남자를 만나는 시간을 만든다. 자기계발, 취미생활 시간을 모두 남자를 만나는 데 쓰는 것이다. 아직 '스테디'가 없다는 전제하에서.

    회사가 끝나면 집에 와서 매칭 사이트를 열심히 보자. 밤 열두 시가 넘어서 답장을 하거나 상대방 프로필을 보는 것은 좋지 않으니 열두 시 전까지는 답장을 해두거나 서핑을 한다. 이것만 해도 하루에 한두 시간은 족히 걸린다. 만약 다른 취미생활을 하면 시간도 없고 피곤해서 남자 찾기 활동에 게을러지는 건 당연지사.

    주말은 되도록이면 비워놓고 남자들의 데이트 신청을 받아주어라. 물론 5분 대기조처럼 아침에 연락 와서 만나자는 사람을 만나서는 안 된다. 최소한 수요일까지 연락해온 사람을 주말에 만나자. 주말이라고 해봐야 한 달에 네 번 정도이니, 많이 만나봐야 8명 정도밖에 만날 수 없다. 거기에 취미생활까지 해버리면 남자를 만날 시간은 현저히 줄어든다.

    그럼 대체 언제 취미생활을 해야 할까? 바로 남자친구가 생기고 난 후다. 오히려 남자친구가 생기고 나면 한가해진다. 매일같이 남자들을 검색하기 위해 드나들던 온라인 매칭 사이트나 메일도 정리가 되었을 테니 평일은 그만큼 시간이 생긴다. 주말에는 남자친구와 데이트를 하지만 매번 꼬박꼬박 만날 수는 없으니 주말에도 비는 시간이 생긴다. 그럴 때 평소에 하고 싶었던 취미생활을 시작하자. 영어회화 학원을 다니든지, 수영을 다니든지, 아니면 일과 관련된 학원을 다니든지.

남자친구도 자기 관리를 잘하는 당신을 더욱 사랑스럽게 생각할 것이다. 당신도 남자친구에게 집착하지 않게 되어 원활한 관계를 유지할 수 있다.

처음 만난 남자에게 자신의 취미나 여행담을 풍부하게 늘어놓는 건 그다지 매력적으로 보이지 않을 수 있다. 남자들은 대부분 현실적인 사고방식을 갖고 있기 때문에 그런 여자를 보면 자신과 다른 세계에 살고 있는 여자라고 생각해버린다.

오늘부터 시작해보자. 남자가 없다면 모든 취미생활을 정리한 후 남자 만들기에 돌입하자. 괜히 취미생활에 돈 들이면서 대체 남자는 언제 생기나 고민할 필요가 없다. 남자친구가 있다면 그동안 생각만 했던 취미생활을 망설이지 말고 시작하자. 곁에 있는 남자친구 덕에 취미생활도 더 즐거워질 것이다.

육지로 올라가기 전에
최고의 상태로
만들어라

배려를 버리고
자기중심적으로 사고하라

　　　　　'일은 잘하는데 연애는 왜 이 모양일까?'라고 고민하는 여성들이 많다. 그리고 해답도 모른 채 오늘도 엉뚱한 곳에서 노력하며 답을 찾으려 할지도 모르겠다. 사회가 발전해서 여성들의 사회 진출도 늘고 여성의 지위도 올라가고 평생 일을 하는 여자도 있을 만큼 이제 여성이 일하는 것은 어색한 게 아니라 오히려 당연한 것이 되었다. 그런데 왜 일 잘하는 여성들은 연애를 잘 못한다는 이미지가 팽배한 것이며 자기 자신이 어쩌다가 '일 잘하고 연애 못하는 여자'가 되어있는 걸까?

　　이유는 간단하다. 일하듯이 연애를 했기 때문이다. 일과 연애는 정반대다. 일례로 일에 있어서는 '연락, 공유, 배려'가

최고 덕목이라고 할 수 있다. 사내에서든 사외에서든 연락이 오면 바로바로 반응을 해줘야 한다. 지금 당장 답을 할 수 있는 메일에 한 시간씩 소비하거나 하루를 지체하면 무능력한 사람으로 낙인찍히기 십상이다.

또한 '공유'도 매우 중요하다. 일이 얼마만큼 진행되었으며 누가 하고 있는지, 언제 끝날 것인지 등 많은 것을 공유할수록 능력 있는 사람이 된다. 혼자서 음지에서 일을 해서는 제대로 평가받지 못하는 건 물론이다.

'배려'는 높은 지위에 오르는 데 필수불가결한 덕목이다. 더구나 남자보다 여자 관리직에 요구되는 항목이 바로 배려다. 아랫사람, 윗사람 두루두루 눈치 빠르게 배려하는 것이 관리직에 오르는 비결이며 또한 남자들과 다른 차별점을 갖게 되어 일자리에서 오래 버틸 수 있다.

그러나 연애는 이와 정반대로 해야 한다. 우선 연락이 왔을 때 절대로 바로 답해서는 안 된다. 전화라면 한두 번 정도는 받지 않았다가 받고, 문자라면 최소한 한 시간 후, 메일이라면 최소한 하루 후에 답해야 한다. 오는 즉시 바로바로 답해주는 여자에게 남자들은 감사함을 느낄지는 모르지만 매력은 느끼지 못할 수도 있다.

'공유'도 결코 필요 없는 항목이다. 남자와 자신의 생활을 열심히 공유하려들 필요가 없다. 무엇을 하는지 일일이 알려줄 필요도 없다. 공유를 하더라도 한꺼번에 하는 것이 아니라 서서히 조금씩 해야 한다. 남자들의 관심을 끌기 위해서는 자신을 신비스럽고 미스터리하게 보일 필요가 있다.

'배려' 또한 마찬가지다. 남자들은 '상대방의 배려'에 대한 가치를 잘 모르기 때문에 굳이 오버해서 배려할 필요가 없다. 남자들은 자신들이 좋을 때만 배려하는 속성을 가졌기 때문에 당신의 배려에 대해서 감사해하기보다는 상대방이 좋아서 하는 일이라고 생각할 따름이다.

예를 들면 직장이 늦게 끝나는 남자친구가 피곤할까 봐 데이트 후에 데려다주는 것을 거절한다든가, 집이 먼 남자친구가 귀찮을까 봐 남자친구네 동네로 간다든가, 돈 없는 남자친구가 걱정되어 매번 저녁을 사준다든가 하는 배려는 남자를 편하게 해줄지는 몰라도 애정을 만들어주지는 않는다.

연애를 할 때는 자기중심적이며 배려심도 별로 없고 연락도 잘 안 되는 여자가 돼라. 그래서 바람둥이가 여자들의 마음을 사로잡는 것처럼 악녀가 남자의 마음을 사로잡는지도 모르겠다. 오늘부터 연애할 때는 마음껏 악녀가 돼라. 멀어질 것 같던 남자들이 오히려 당신에게 접근하려고 애쓰는 모습을 발견하게 될 것이다.

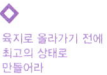

육지로 올라가기 전에
최고의 상태로
만들어라

애인이 생겨도
여자친구에게 소홀해지지 마!

　　남자친구와 데이트 약속이 있어서 막 나가려는 차에 여자친구에게서 전화가 걸려온다. 약속 시간도 아슬아슬해서 받을까 말까 하다 받았더니, "방금 남자친구랑 헤어졌어. 흑흑. 나 지금 만나줄 수 있어? 네 집 앞으로 갈게. 흑흑" 하고 울먹인다. 당신이라면 어떻게 할 것인가? 남자친구와 선약이 있으니 미안하다면서 끊을 것인가, 아니면 남자친구와의 약속을 미룰 것인가?

　　고민할 것도 없다. 여자친구에게 집 앞으로 오라고 해놓고 기다려주겠다고 따뜻하게 말하라. 남자친구를 만날 예정이라고 얘기할 필요도 없다. 그리고 남자친구에게 전화를 건다. (이때야말로 당신이 먼저 전화를 해야 할 때다.) "미안해. 친구가 실연당했다고 울면서 전화해서 좀 만나야 할 것 같은데, 어떻게 하지?"라고 솔직하게 말한다.

남자친구가 화를 낼 것 같다고? 아니다. 만약 화를 낸다면 그 남자와 당장 헤어져도 좋다. 그런 남자는 지극히 자기중심적이거나 당신을 사랑하지 않는 남자일 테니까. 당신을 소중하게 여기는 남자친구라면 "어쩌니? 많이 힘들 텐데 잘 위로해주고, 끝나면 전화해. 기다릴게"라고 말할 것이다.

보통 남자들은 갑자기 약속이 깨져서 붕 떠버린 시간을 어떻게 보낼지 잘 알고 있다. 하다못해 PC방에라도 간다. 여자들도 마찬가지다. 갑자기 약속이 깨졌을 때는 손톱 관리를 받는다든지 서점이나 커피숍을 가는 등 자기만의 방법이 다 있을 것이다. 당신은 미안하다고 해야겠지만 그가 혼자 어떻게 시간을 보낼 것인지 심각하게 걱정할 필요는 없다. 당신은 실연당한 친구를 달래주고 남자친구를 만나러 가면 된다.

우리는 여자친구보다 남자친구를 더 우선시하는 친구들을 많이 보아왔다. 남자친구에게서 갑자기 연락이 오면 모든 계획을 취소하고 만나러 가거나, 여자친구랑 만날 때는 밥값도 제대로 안 내던 애가 남자친구에게는 명품을 선물하거나, 여자친구 앞에서는 세상의 모든 불행을 안고 사는 것처럼 짜증만 내다가도 남자 앞에서는 코맹맹이 소리로 얘기하는 여자들을. 그런 여자들 곁에 지금 당장은 남자들이 있으니, 저렇게 해서 남자를 잡는 건가 하고 생각할지도 모르겠다. 그러나 그것은 순간일 뿐이다.

여자들에게 '우정'은 더없이 소중하다. 여자들의 배려심, 타인의 슬픔과 기쁨을 공감하는 뛰어난 능력은 여자들끼리만 공유할 수 있는 것이기 때문이다. 연락에 대해서도 마찬가지다. 남자에게는 답을 꼬박꼬박하면서도 여자친구에게는 답이 느린 여자들이 있다. 더구나 약속 시간에 늦으면서도 먼저 연락하지 않는 여자들도 있다. 그러나 여자들에겐 연락을 받은 즉시 답을 해줘야 한다. 연락에 대한 답이 늦으면 얼마나 상처받는지 우리는 너무 잘 알고 있지 않은가?

남자친구와 여자친구를 대하는 방법이 달라야 한다. 지금까지 남자친구, 여자친구를 똑같이 대했다거나, 반대로 대했다면 방법을 바꿔보자. 여자는 질투심이 강하다는, 남자들이 만들어낸 말 따위는 믿지 말자. 여자를 잘 모르는 남자들이 만들어낸 말에 그동안 휘둘려왔을지도 모르지만, 여자는 질투심보다 동정심이 발달한 존재다. 그만큼 감정이입도 쉽고 공감도 쉽다.

여자친구가 힘들어 하면 위로해주고 좋은 일이 있으면 기뻐해주자. 특히 친구가 좋은 남자를 만나 행복한 연애를 할 때는 내 일처럼 기뻐해주자. 행복한 사람 옆에 있는 것도 당신에겐 큰 행운이 된다.

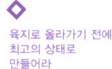
육지로 올라가기 전에
최고의 상태로
만들어라

남자에게
연애 상담 하지 마라

　　　　　때로는 굉장히 친한 남자친구(애인 아님)가 있음을 자랑스럽게 생각하고 남자 문제를 의논하면서 위안을 받는 여자들이 있다. 그러나 과연 그 남자들의 조언이 얼마나 유효할까?

　남자들이 여자에게 조언을 구하고 그 말대로 실천했을 때 상당히 효과를 보는 것은 사실이다. 그 이유는 여자들의 배려심에 있다. 남자들이 조언을 구해올 때 여자들은 자신의 입장에서 생각하는 것이 아니라 남자의 여자친구 입장이 되어서 여러 가지 생각하고 조언하기 때문이다.

　그러나 남자들은 여자의 남자친구가 '나'라는 기준에서 조언을 한다. 남자친구와 싸운 후 속상해서 친한 남자에게 전화를 걸어 물어보면, 남자들은 대부분 '먼저 사과하면 기분 좋지 않겠어?'라고 대답한다. 그러나 여자친구들에게 물어보면 의견이 분분하다. '남자가 사과할 때까지 기다려야지', '네가 먼저 사과하는 것도 나쁘지 않을 거야' 등등. 남자는 남자의 마음을 알 테니 남자의 충고를 따라서 정말 남자친구에게 먼저 사과해야 할까?

당장 사과를 하면 바로 관계가 좋아질 수도 있다. 남자의 충고를 듣기 잘했다고 생각할지도 모른다. 그러나 이것은 단편적인 상황일 뿐이다. '먼저 사과를 하면 남자가 기분 좋을 것이다' 그 이상도 이하도 아닌 것이다.

남자가 바람을 피워서 싸운 것일 수도 있고 남자가 여자를 비하하는 말실수를 했을 수도 있다. 당장은 먼저 사과해서 관계가 좋아질지는 몰라도 앞으로도 그런 일이 지속된다면 문제는 해결되지 않는다.

위의 예가 단순하고 비약적이라면 또 다른 예도 있다. 여자들은 책에서 읽은 남성의 심리 이야기를 친구인 남자에게 직접 물어본다.

"남자들은 정말 적극적인 여자가 싫어?"

남자는 '내가 좋아하는 여자라면 좋지'라고 대답할 것이다. 그렇다면 당신은 남자가 자신을 좋아한다는 확신이 있으면 적극적으로 대시해볼 것인가?

남자들은 단편적으로만 대답해준다. 물론 이것이 나쁘다

는 의미는 아니지만, 혹시라도 그대로 행동했을 경우 나중에 어떤 일이 일어날지까지는 생각하지 않는다. 게다가 남자들은 여자를 알기 위해 책까지 보는 수고를 하지 않는다. 그 시간에 차라리 야동을 보겠지.

남자를 알기 위해 책을 읽고 고민하는 것은 여자 쪽의 성향이라고 할 수 있다. 그러니 이 책을 보고 남자에게 확인하려 할 필요도 없다. 설령 이 책을 읽는 것을 남자친구가 본다고 해도 남자친구는 깊이 생각하지 않을 것이다. 일부러 남자에게 '연락 안 하기' 등에 대해서 알려줄 필요가 없다. 그걸 알려준다는 것 자체가 그 남자에게 관심 있다고 표현하는 일이니까.

흔히 여자가 쫓아가면 남자는 멀어진다고 한다. 하지만 자신이 멀어질지도 모르면서 무조건 여자에게는 가까이 오라고 하는 게 남자다.

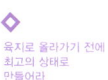
육지로 올라가기 전에
최고의 상태로
만들어라

행복해질 준비는
이미 끝났다

우리 마음속엔 '행복해지고 싶다'는 아주 강렬한 욕구가 있다. 행복해지기 위해서 열심히 일하고 멋진 남자를 만나 사랑하려 한다. 쇼핑을 하면서 행복하다고 느끼기도 하고 술을 마시면서 행복하다고 느끼기도 한다.

과연 행복이란 무엇일까? 그리고 지금 행복하다고 느끼는가? 행복하다는 사람보다 행복하지 않다고 대답하는 사람이 더 많을 것 같다. 이번엔 이렇게 묻고 싶다. 그럼 어떻게 하면 행복해질까? 돈이 많았으면 좋겠다, 결혼했으면 좋겠다, 걱정이 사라졌으면 좋겠다 등등 많은 대답이 있을 것이다.

한 가지 예를 들어보자. 먼저 '남자친구가 있으면 행복할 것 같다'는 전제하에서 시작하자. 이 말은 결국 남자친구가 없는 상황은 불행이고 남자친구가 있는 것은 행복이다. 좀 더 구체적으로 생각해보자.

남자친구가 없다는 상황에서, A는 바람을 피우고 심지어 폭력을 휘두루는 남자친구와 어제 헤어져서 남자친구가 없다. B는 1년째 남자친구를 찾고 있지만 아직 남자친구가 없다. 이 중 누가 불행하고 누가 행복할까?

다음은 남자친구가 있는 상황이다. A는 남자친구가 한 번도 사랑한다고 말한 적이 없고 5년이 넘게 사귀는 동안 생일을 챙겨준 일도 없다. B는 감기에 걸렸을 때 약을 사다주는 남자친구가 있다. 누가 불행하고 누가 행복할까?

단지 남자친구가 있다고 행복한 것이 아니고 남자친구가 없다고 불행한 것도 아니다. 무엇보다 중요한 것은 나 자신이 지금 여기에 있다는 사실이다. 남자친구가 있든 없든 돈이 많든 적든 예쁘든 그렇지 않든, 나는 현재 이 자리에 있다. 현재 이 자리에 있는 나에 대해서 한 번이라도 진지하게 생각해본 적이 있는가? 늘 과거를 생각하며 후회하고 미래를 생각하며 답답해한 것은 아닌지 돌아보자.

지금의 생활을 돌아보면 단순하다. 아침에 일어나서 세수를 하고 회사에 늦지 않게 출근하고 일을 한다. 일이 끝나면 친구들과 저녁을 먹거나 집에 가서 가족들과 저녁을 먹고 텔레비전을 보거나 인터넷을 하다가 잠이 든다. 이런 현재 생활에 대해서 한 번이라도 행복하다고 생각해본 적이 없는가? 이 생활에서 행복하다고 느끼지 못한다면 내일도 모레도 행복해질 수 없다. 내일도 똑같이 일어나서 세수하고 출근하고 회사에서 일하고 집에 돌아올 텐데, 내일도 행복하지 않을 게 분명하다.

우리는 이미 행복하다. 이 얘기는 억지로 행복하다고 생각하라는 마인드 컨트롤을 말하는 것이 아니다. 그냥 현재의 자신을 생각해보자는 의미다. 오늘까지의 나와 앞으로의 나에 대해서 말이다. 어떤 상황에서도 태어나서부터 지금까지 변하지 않는 '나'가 있다. 그런데 우리는 늘 내가 존재한다는 사실을 잊어버리고 부모님, 형제자매, 남자친구에 대해서만 생각한다. 그들이 우리에게 잘해주고 따뜻하게 대해줘야만 내가 존재하는 가치가 있다고 믿기 때문이다. 존재하는 나를 그대로 받아들이지 않고 자꾸만 주변 사람들을 통해 내 존재를 인정받으려고만 했기 때문에 행복하지 않은 것이다. 나는 이미 존재하고 행동하고 그리고 행복하다.

지금 이 회사에 다니고 있는 것은 내가 이 회사에 지원했기 때문이다. (누구의 추천이든 본인이 직접 지원했든.) 지금 흰 블라우스를 입고 있는 것은 내가 아침에 선택했기 때문이다. (엄마가 추천한 것일지라도.) 지금 남자친구가 없는 것은 남자친구를 만나려 하지 않았기 때문이다. (접근하는 남자가 없었을지라도!)

모든 상황이 자신으로부터 시작되었다는 생각은 하지 못

한 채 내가 이 회사에 온 것은 K 과장이 추천해서, 흰 블라우스를 입은 건 엄마가 잔소리를 해서, 남자친구가 없는 건 남자들이 보는 눈이 없어서라며 핑계만 대고 있었던 것은 아닐까?

    행복해질 준비는 이미 끝났다. 바로 지금 행복해지기만 하면 된다! 지금 행복하지 않으면 앞으로도 영원히 행복은 오지 않는다. 공주는 왕자를 만나 평생 행복하게 살았지만 왕자를 만나기 전에도 행복했다.

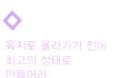
육지로 올라가기 전에
최고의 상태로
만들어라

연애에도
공부가 필요해!

남자를 만나다 보면 문득 궁금해진다. '연애도 공부해야 하는 걸까? 아니면 본능적으로 타고난 대로 하면 되는 걸까?' 집안에서 부모님이 연애나 남자에 대해서 해주는 얘기도 있고 주변 친구들이나 선후배가 연애하는 걸 보거나 혹은 가끔 책을 보기도 하니 배우는 것도 같은데, 실제로 남자를 만나보면 도저히 어떻게 해야 할지 모르겠어서 '에잇, 맘대로 해버리자' 하며 그때그때 대처해버리는 경우도 많다.

나는 배워야 한다는 데 한 표를 던지겠다. 그렇다고 입시 공부를 하듯이 머리 싸매고 코피 터지게 암기하거나 시험을 보면서 배우라는 뜻이 아니다. 오히려 자전거나 수영을 배울 때와 더 가깝다.

자전거를 배웠을 때, 아니면 수영을 배웠을 때를 떠올려보자. 둘 중에 아무것도 못한다면 하다못해 자동차 운전을 배웠던 때라도 좋다. (셋 다 못한다고? 지금껏 뭐했는가? 오늘 당장 자전거든 수영이든 운전이든 무조건 하나를 배우라고 강력히 주장하고 싶다!)

어린 시절 오빠가 혹은 아버지나 언니가 자전거를 선물해준다. 새 자전거를 보며 언니, 오빠들처럼 자전거가 타고 싶다는 꿈을 꾼다. 자전거를 처음 타던 날, 자전거를 가르쳐주는 누군가가 뒤에서 잡아준다. 처음에는 페달만 열심히 밟으면 된다고 생각한다. 겉으로 보이는 게 페달밖에 없으니까. 몇 번 넘어지고 나서야 비로소 자전거 타기의 심오한(?) 원리를 깨닫는다. 정말 중요한 것은 '균형잡기'라는 것을. 그것을 깨달은 순간, 뒤에서 잡아주던 사람이 손을 놔도 자신도 모르게 넘어지지 않고 달릴 수 있게 된다. 그리고 넘어지고 까지며 몸으로 익힌 그 방법은 평생 까먹지 않는다.

수영도 마찬가지다. 팔과 다리를 열심히 움직이는 것처럼 보이지만 '호흡법'을 깨달아야 하고, 운전도 핸들만 잡는 게 아니라 공간감각, 민첩한 판단력 등을 터득해야만 한다. 그렇게 익힌 것은 평생 잊어버리지 않는다.

연애도 이런 것과 다를 게 뭐가 있겠는가. 겉으로 보기에는 남자와 만나서 밥을 먹고 영화를 보고 하는 행위일 뿐이지만 자전거를 배울 때 균형감각을 깨닫듯이 깨달아야 하는 게 분명있다.

이때 깨달아야 하는 것, 여자에게는 바로 '사랑받는 기쁨'이다. 사랑받는 기쁨을 한 번 깨닫고 나면 절대로 잊어버리지 않는다. 다음 상대를 만나도 사랑받는 기쁨을 위해 노력하게 된다. 남자에게는 '사랑을 주는 기쁨'이다. 남자도 이것을 깨달으면 평생 잊어버리지 않는다.

내 주변의 여자들을 보면 (물론 예전의 나를 포함해서) 사랑을 주는 기쁨에 매달리는 사람들이 있다. 사랑받는 기쁨을 깨달아야 한다는 말은 사랑을 주지 말고 받기만 하라는 말이 아니다. 사랑을 주는 것도 물론 중요하지만, 여자로서 더욱 깊이 느껴야 할 것이 '사랑받는 기쁨'이란 이야기다. 사랑받는 기쁨을 느끼지 못하고서는 제대로 된 연애를 할 수 없다. 정말 사랑받는 기쁨을 느껴본 적이 있는지 아리송한 사람도 많다. 그러나 일단 느끼고 알게 되면 평생 잊지 않고 고통스럽지 않게 연애를 계속할 수 있다.

어쩌면 우리는 균형감각을 배우지 못한 채 페달만 돌리면 된다고 생각했기에 계속 넘어져왔는지도 모른다. 넘어지지 않고 자전거를 탈 수 있도록 잡아주는 건 이 책이 할 수 있지만 균형감각만큼은 페달을 돌리는 본인이 깨달아야 한다. 사랑받는 기쁨, 바로 우리가 꼭 배워야만 하는 연애의 본질이다.

마샤의 체험기

일만 잘하고 연애는 젬병이었던 골드미스의 대반전

〈인어공주는 왜 결혼하지 못했을까〉 하는 질문이 지금은 꽤 익숙하지만 이 문구를 처음 접했을 땐 무척 어색했다. 왜냐하면 동화 속 공주들은 모두 행복한 결혼을 했다고 생각을 해왔기 때문이다. 저 문구를 보고 나서야 의문이 생겼고 의문과 함께 책을 집어 들게 되었다.

연애상담은 시시껄렁한 것이고 읽기엔 시간이 너무 아까운 거라는 생각만 하고 살던 내가 우연히 집어 들었던 책 덕분에 인생이 180도 바뀌었다. 늘 가슴 아프고 머리를 복잡하게 했던 연애가 쉽게 풀리는 경험을 했다. 그리고 과연 내게 오기나 할까 했던 결혼생활을 이미 하고 있다는 건 지금도 참 신기하고 재미있다.

내게 있어서 연애나 결혼은 인생의 선택사항이었다. 한때는 골드미스들처럼 값비싼 레스토랑과 해외여행을 다니며 사회적으로 능력을 인정받고 사는 것이 진짜 값진 인생이라 생각했다.

내가 모든 걸 결정할 수 있으니 연애와 결혼도 내가 결정하면 언제든지 할 수 있을 거라 믿었고 그래야 한다고 생각했다. 하지만 잦은 해외영업으로 세계 각국을 다녀보고 능력을 인정을 받으며 연봉 협상에 성공하는 삶을 살아도 마음속의 공허를 채우기엔 힘이 들었다. 그러면서 '내가 선택한' 남자들에게 '내가 원하는 대로' 표현하고 데이트를 해도 사랑받는다는 느낌은 얻지 못하게 되면서 공허감은 더 커졌지만 그 이유는 알지 못했다.

그러다가 〈인어공주는 왜 결혼하지 못했을까〉를 보게 되었다. 내가 연애라 생각했던 만남이나 데이트가 '왜 내게 안정감을 주지 못하는 것일까?' 하는 생각을 하게 되었고 결국 나도 다른 사람들처럼 안정된 관계, 행복한 결혼을 원하지만 그것을 부정해온 게 아닐까? 의심하게 되었다.

결혼이란 능력 있는 여자의 인생의 발목을 잡는 족쇄에 지나지 않는다 생각하고 그 족쇄를 내가 일부러 차지 않겠다고 생각했다. 하지만 그것은 '행복한 결혼'이 무엇인지 모르면서 스스로 만들어 낸 벽일지도 모른다는 생각의 변화에 이르게 되었다. 그렇다면 행복한 결혼은 무엇일지, 결혼에 앞서 행복한 연애란 무엇일지 궁금증이 생겼고 그 궁금증을 해결하는 방법으로 지금껏 내가 해온 방법과 전혀 다른 방법으로 연애에 접근해 보았다. 바로 이 책에서 제안하는 대로 말이다.

우선 외모의 변신을 꾀했다. 소울, 필, 정신만 통하면 가능할 것 같던 찐한 연애가, 사실은 외모에서 시작한다는 것에 충격을 받았다. 충격 이후엔 이어 반발도 했었다. 분명 겉모습보다 나의 정신을 먼저 알아봐 줄 사람이 있을 거라 믿었다. 또 겉모습 치장에만 열중하는 머리 빈 여자로 살고 싶지 않다고 생각하며 살아왔기 때문에 머리를 기르고 치마를 입으란 식의 제안은 내게 콧방귀거리였다. 그렇지만 '누가 봐도 여성스러운' 여자로 살아보라는 제안을 속는 셈 치고 따라 해보고 '3개월간 죽도록 다이어트 해보라'는 말에 역시나 다이어트를 해보니 주변에서 나를 보는 눈이 달라지는 것을 느낄 수 있었다.

긴머리, 치마, 다이어트로 절세 미인이 되지는 못했을지라도 이제는 뒷모습을 보고 '아가씨'라고 불리고 소개팅을 해보겠냐는 주변의 제안을 받게 된 것이다. 비로소 나에게 새로운 기회가 열리고 있다는 것이 느껴졌다. 그렇게 시작된 피오나 님의 제안을 하나 둘 따르면서 나는 좀 더 바뀌고 있었다.

행복한 연애를 위해서 우선 사람을 만나기 위한 노력을 하고 만남에 충실하게 되었다. 그렇게 노력하고 있는 나를 인정하고 돌보는 일이 나를 행복하게 해줄 수 있다는 것도 알게 되었다. 사회적인 성공뿐만 아니라 사람 사이의 관계에서 내가 존중 받을 때 행복감을 느낀다는 것을 알게 되니 세상을 보는 눈이 하나 더 생긴 기분이었다.

그 과정 속에서 나를 아껴주는 좋은 사람을 만나 2013년 봄부터 그와 행복한 결혼생활을 시작했다. 연애, 결혼을 향해 나아가는 발걸음이 결국엔 진짜 나를 만나는 계기라는 것을 알게 되었다. 처음에는 인정하기 싫던 나의 부끄러운 모습도 내 일부로 받아들이고 그것을 다시 개선하기 위해서 노력하는 내 모습에 다시 힘을 얻었다.

이 책을 처음 접하는 분께 드리고 싶은 말이 있다. '말하는 대로'라는 이적과 유재석이 무한도전 가요제에서 부른 노래가 있다. 그 노래가사가 이야기하듯 어떻게 생각하느냐에 따라서 말하는 것이 달라지고 말하는 것에 따라서 결과가 달라진다는 것을 믿어보시길.

여러분이 행복한 연애를 생각하고 원하고 있다면 행복한 연애에 대해서 생각하는 연습부터 하자. 행복한 연애와 그에 따른 행복한 결혼에 이르기까지 〈인어공주는 왜 결혼하지 못했을까〉가 좋은 조언자가 될 수 있을 거라 생각한다. 단, 그 친구의 조언을 귀담아 듣는다는 전제하에서!

피오나의
인어공주
연애론

STEP
2

왕자에게
먼저
다가가지
마라

왕자에게
먼저
다가가지 마라

만남에
모든 방법을 동원하라

　　자신의 주변에는 괜찮은 남자가 없다고 생각하는 여자들이 많다. 결혼을 하려고 해도 주변에 남자가 없으니 어렵다고 생각하는지도 모르겠다. 주변이란 자신이 처한, 혹은 스스로 만들어놓은 환경을 일컫는다. 주변에 남자가 없다는 것은 내가 처한 환경에 나를 좋아하는 남자가 없다는 의미도 된다. 그렇다면 남자, 더 나아가서 좋은 남자를 만나려면 이 주변에서 벗어나든가 주변을 바꿔야 한다.
　　주변을 떠나 대체 어디로 가야 할지 고민하지 말고 어디든, 지금 여기가 아닌 세상의 모든 장소에 가보라. 만남에 모든 방법을 동원하라.
　　당신이 할 일은 남자에게 먼저 접근하거나 목매달고 연락하거나 먼저 고백을 할까 말까 고민하는 일이 아니다. 새로운 남자를 만날 장소, 환경을 찾아가는 일이다.

이미 그렇게 해봤다고 하거나 아니면 해봐도 소용없었다거나 친구가 해봤는데 별로였다든가 하는 변명은 하지 말길! 진정 모든 장소에 가보았는지 되새겨보라. 할 수 있는 모든 것이 아니라 하고 싶은 모든 것만 했던 것은 아닐까?

그래도 망설이는 당신을 위해 몇 가지 팁을 공개한다. 먼저 인터넷! 왠지 인터넷에서 사람을 만나는 것은 거부감이 드는가? 그렇다면 당신은 몇십 명, 몇천 명의 남자를 접할 기회를 놓치고 있는 것이다. 위험하다고 생각하는가? 세상에 위험한 남자는 인터넷 안이든 밖이든 이미 존재한다. 당신이 현명한 대처 능력만 갖고 있다면 인터넷을 활용해 많은 남자를 만날 수 있다. 그것도 단시간에.

또 하나 맞선! 어른들이 주선해주는 맞선이라면 왠지 딱딱한 분위기에 나이 먹고 억지로 끌려나온 남녀들의 어쩔 수 없는 시간 때우기로 생각할지 모르겠다. 냉정히 생각해보자. 맞선 자리에 나선 남자는 미혼이 확실하고 주변 사람들이 어느 정도 보장하는 스펙을 가졌을 확률이 높다. 때로는 중매쟁이들이 외모나 스펙을 과장하기도 하지만 부모님 의사도 어느 정도 반영된, 상당히 안정된 만남이다. 당신이 멋모르고 거절한 맞선 상대가 얼마나 괜찮은 남자일지 당신은 평생 모르고 지나가는 것이다.

친구의 결혼식! 이처럼 좋은 자리는 또 없다. 결혼은 대부분 적령기에 하게 마련이니 신랑, 신부의 친구들도 결혼 적령기다. 결혼식에 초대받으면 얼마나 친한지, 부조는 얼마나 할지, 화장은 어찌 하고, 옷은 무얼 입을지 고민하느라 귀찮을 수도 있다. 그러나 결혼식에 참석하기 위해선 최대한 꾸미게 되므로 가장 아름다운 상태에서 많은 남자에게 한꺼번에 노출되는 장점이 있다. 결혼식에 피로연이 있다면 더할 나위 없이 좋은 기회다. 친구의 결혼식은 친구를 축하해주고 미래의 축의금도 저축하면서 새로운 남자를 만날 수 있는 금상첨화의 자리인 것이다.

동호회! 두말할 것도 없다. 같은 취미로 모이는 사람들이니 어느 정도 공통적인 대화거리도 있고, 정모란 것이 있어서 열심히 참석만 한다면 많은 남자들을 만날 수 있다. 주의사항 한 가지! 최대한 6개월 안에 그 동호회에서 자신에게 관심을 보이는 남자가 없다면 그냥 정말 취미를 목적으로 참가하든지 아니면 다른 동호회를 찾아보는 게 낫다.

좀 돈이 들긴 하지만 결혼정보회사도 있다. 꼭 돈까지 들여가며 남자를 만나야 되느냐고 항변할 사람들이 있을지도 모르겠다. 그런 사람에게 한 가지 되묻고 싶다. 그렇다면 대체 어디서 사람을 만날 수 있는지.

인정하고 싶지 않겠지만 나이가 들수록 만남의 기회는 줄

어든다. 그게 현실이다. 한데 결혼정보회사에서는 결혼하려는 의지를 가진 사람들을 모아놓고 있다. 최소한 남자가 결혼할 생각이 있는 건지 고민하지 않아도 된다. 또 결혼하려는 남자들의 데이터를 볼 수 있는 절호의 찬스이기도 하다. 이곳에 등록하게 되면 자신의 가치를 좀 더 객관적으로 볼 수 있는 기회도 된다. 단순한 거부감으로 이런 기회를 멀리할 이유는 없다.

이외에도 만남의 자리는 얼마든지 있다. <u>최소한 한 달에 두 번 이상은 새로운 만남, 새로운 자리에 나가자.</u> 당신에게 애인이 없는 것은 먼저 접근하지 않아서도 아니고 남자에게 잘해주지 못한 때문은 더더욱 아니다. 단지 만남의 자리에 나가는 것을 소홀히 했을 뿐이다. 당장 오늘부터라도 남자를 만날 수 있는 새로운 곳에 나가보는 도전의식을 갖자. 머지않아 당신에게 관심을 보이는 남자가 나타나리라 믿어 의심치 않는다.

왕자에게
먼저
다가가지 마라

남자에겐 저마다의
스트라이크존이 있다

　　　　　　　　남자는 어떤 여자를 좋아할까? 이는 여자들에게 끊이지 않는 의문이다. 얼굴 예쁜 게 제일이라는 얘기부터 시작해서, 뭐니 뭐니 해도 현모양처 스타일이 최고라든가, 아니면 성격이 좋아야 한다든가 여자들 사이에는 검증되지 않은 이런저런 말들이 떠다닌다. 특히 남녀노소를 가리지 않고 쉽게 하는 말이 남자들은 예쁜 여자를 좋아한다는 것이다. 부정할 수 없는 사실이기도 하다. 우리도 멋진 남자, 잘생긴 남자, 섹시한 남자에 열광하지 않는가.

　　어쨌든 최대한 예뻐지기 위해 노력은 해야겠는데 방법을 모르겠다면 여러 가지를 시도해보자. 화려하게 꾸미는 것보다는 머리를 기르고 치마를 입고 다이어트를 하고 기초화장을 거르지 말고 입술보호제도 자주 발라주고 핸드크림도 빼먹지 말고 발라보자. 그렇게 자신을 가꾸어가는 시간도 소중하고 노력하는 자신도 대견스러울 것이다. 또 점점 예뻐지는 자신을 발견하는 일은 무엇보다 자신감을 만들어준다.

    남자들이 여자를 보는 첫 번째 조건이 외모라면 미인이 유리한 것은 당연하다. 그러나 아무리 노력해도 미인이 될 수 없다고 연애를 포기할 텐가? 포기하기엔 이르다. 여전히 우리에겐 수많은 기회들이 기다리고 있다. 미인도 아닌 평범한 우리 앞에 놓인 기회는 과연 무엇일까?

    우선 미인부터 예를 들어보자. 남자들이 여자를 보는 기준이 외모뿐이라면 미인들이 불행해질 이유는 없다. 늘 좋은 남자들과 행복한 연애를 하고, 행복한 결혼생활을 평생 유지해야 한다. 그러나 주위를 보면 미인이라고 반드시 행복하지는 않다. 왜 그럴까? 확실히 미인에게 많은 남자들이 접근하는 것은 사실이다. 여러 남자들 중에 고르다 보니 잘못 선택하는 실수를 범하기도 한다. 이 경우엔 미인이라도 불행해질 수밖에 없다.

    남자들은 여자의 외모에 대해서 명확한 자기 취향이 있다. 여자들끼리 보기에는 비슷한 것처럼 보일지라도 남자들은 여자의 외모에 대한 미묘한 차이를 크게 느낀다. 남자들은 여자의 외모에 대한 저마다의 스트라이크존이 있다. 흔히 남자를 시각에 약한 존재라고 하는 것은 미인에게 약하다는 말이 아니라 자기 취향의 외모인 여자에게 약하다는 뜻에 더 가깝다.

　　남자들은 이 스트라이크존에 들어온 여자와 사랑에 빠지고 그 여자를 얻기 위해 열심히 노력한다. 그러므로 평범한 여자라고 해서 남자에게 사랑받지 못할 이유는 없다. 오히려 자신을 정말로 사랑해주는 한 남자를 만나서 미인보다 행복한 인생을 보낼 수 있다.

　　물론 여자들도 남자의 외모를 말하기는 하지만 남자들에 비해서는 구체적이지 않다. 오히려 '호감', '비호감' 등으로 간단히 구별하거나 전체적인 느낌이나 분위기를 더 중요하게 여긴다. 여자들이 코만 잘생긴 남자보다 훈남에 열광하는 이유다. 반면 남자들은 남과 다른 자기 취향의 외모를 고집하기 때문에 '훈녀'라는 말도 없을뿐더러 그들에게 열광하지도 않는다.

　　당신도 어떤 남자를 만나느냐에 따라 세상에서 말하는 '미인'보다 행복한 미래를 손에 넣을 수 있다. 남자들의 외모를 보는 본성을 탓하며 좌절하고 있을 것이 아니라 당신이 스트라이크존인 남자를 만나는 일에 부지런해져야 한다. 당신이 그 남자에게 스트라이크존이 되지 않는 것 같다면 빨리 포기하고 다른 남자들을 만나보는 방법이 최고다.

왕자에게
먼저
다가가지 마라

토요일 오후를
내주는 남자를 만나라

　　　　　　여러분들은 주말과 주중을 구분해서 생활하는 편인가? 만약 아니라면 주중과 주말을 좀 확실하게 구분해서 생활하라고 권하고 싶다.
　대학교에 다닐 때 교수님이 "공부는 평일에 다 하고 주말엔 놀아라"라고 하셨다. 평일에 공부를 안 하고 몰아서 주말에 해야지, 하면 결국 평일도 주말도 공부를 못하게 된다는 말씀이었다. 그래서 나는 시험공부도 되도록이면 평일에 했고 그 습관이 지금껏 이어져서 일이나 무언가를 배우는 일은 평일에 한다. 주말에는 일정을 잡지 않고 되도록 내 맘대로 쓰는 시간을 가지려고 노력한다. 그래서 데이트도 무조건 주말에 한다. 주중에는 각자 일하고 볼일 보고 주말에는 애인에게 모든 시간을 할애하는 것이다.

　이렇게 되면 '애인 없음=주말 약속 없음'이다. 물론 친구를 만나거나 여행을 가는 일도 있지만. 즉 애인이 없는 상태라면 언제든 주말 약속은 잡을 수 있는 상태가 되는 것이다.

　이 방식을 데이트에도 적용할 수 있다. 처음에 소개를 받든 선을 보든, 약속을 정할 때면 망설이는 일이 많다. 남자 쪽에서는 아무 때나 가능하니 알아서 결정해달라며, 나름대로 여자를 배려하는 차원에서 결정을 넘기는 일이 대부분이다. 이럴 땐 어떻게 해야 할까?

　정답은 '토요일 오후나 저녁'이다. 무리하게 평일에 만날 필요는 없다. 토요일 오후는 보통 애인이 있을 때 데이트를 하는 시간이다. 그 시간이 비어 있다는 것은 현재 애인, 최소한 만나는 사람이 없다는 의미일 확률이 높다. 애인과 토요일 오후만큼은 정기적으로 만나고 있다면 그 관계는 안심할 수 있다. 물론 회사 일이 있거나 다른 약속이 있어서 안 된다고 할 수도 있다. 두 번째로 좋은 시간은 '일요일 오후나 금요일 저녁'이다.

　첫 만남을 토요일 오후가 아닌 때에 할 수도 있고, 마음에 드는 상대라면 두 번째 데이트까지는 금요일 저녁으로 양보해줄 수도 있다. 그런데 세 번째 만날 때도 토요일 오후나 저녁이 아니라면 다시 생각해보는 게 낫다. 토요일 오후에 정기적으로 만나는 다른 애인이 있거나 토요일 오후에 회사 일이 주기적으로 있거나 집안일이 있다는 뜻이니까.

전자의 경우라면 본인이 계속 2인자로 굳어진다는 의미이고, 후자라면 앞으로 데이트를 하더라도 토요일 오후를 같이 보내기는 하늘의 별따기라는 뜻이다. 그것을 감수할 자신이 있다면 만남을 유지해도 좋다.

주말 데이트 신청은 수요일, 늦더라도 목요일에 얘기하는 것만 받아주자. 금요일 혹은 토요일 아침에 갑자기 전화를 걸어서 만나자는 것은 시간이 비었는데 생각나서 연락한 것일 수도 있다.

이보다 더더욱 피해야 할 것은 한밤중에 전화를 걸어서 만나자고 하는 것이다. 물론 보고 싶다는 달콤한 목소리에 유혹을 느끼겠지만 충동적으로 데이트를 하려는 남자는 여자를 애인이 아니라 그보다는 가벼운 대상으로 여기는 것일 수 있다. 마찬가지로 자신도 토요일 오후를 되도록이면 애인과 데이트하는 데에만 쓰자. 토요일 오후나 저녁을 나에게 내어줄 수 있는 남자가 지금도, 앞으로도 나를 소중하게 생각해줄 남자다.

왕자에게
먼저
다가가지 마라

데이트 날에는
데이트에만 집중해

우리는 어렸을 때부터 항상 '오늘 할 일을 내일로 미루지 말자'라는 강력한 말 한마디에 지배되어 살아왔다. 그 얘기는 되도록이면 오늘 할 일을 많이 하라는 것으로까지 확대되었다. 아침부터 저녁까지 잔뜩 할 일을 정해 놓고 다 하지 못하면 자신을 원망하며 잠이 드는 것이 일상이 되어버린 것이다. 얼마나 불쌍한 인생인가?

늘 바쁜 당신은 아침에 집을 나서며 생각한다. 회사 일을 끝내고 영어학원에 들렀다가 수업을 마치면 친구와 간단하게 밥을 먹고, 집에 들렀다가 겨울 코트를 세탁소에 맡기고 와서 남은 빨래와 청소를 하고 자야겠다고 말이다.

웬걸! 회사에서는 갑자기 다른 부서에 문제가 생겨서 30

분이나 늦게 퇴근했고, 이미 영어학원에 가기에는 시간이 무리다. 학원 수업을 포기하고 친구를 만나 밥을 먹는다. 그런데 세탁소가 몇 시에 문을 닫는지 몰라서 친구에게 양해를 구하고 서둘러서 자리를 접고 일어선다. 집에 들어갈 때 확인해보니 세탁소가 아직 열려 있어서 안심했는데 막상 코트를 찾아서 들고 나가니 문이 닫혀 있다.

하루 종일 되는 일이 하나도 없다. 빨래를 하려니 짜증만 나서 잠시 컴퓨터 앞에 앉았는데 오랜만에 방명록을 남긴 친구가 있어 답글을 해주고 업데이트한 사진을 구경하다 보니 한 시간이 휙 지나버렸다. 이미 청소를 하기에도 늦었다는 생각에 다운로드받은 영화나 봐야겠다고 생각한다. 혹시 당신의 매일매일이 이런 생활의 반복은 아닌지?

하루에 한 가지만 하자. 하루에 할 일도 하나, 약속도 하나만. 그 일을 마치면 아주 편안히 릴랙스 타임을 갖자.

예를 들어 오늘 할 일을 '세탁소에 코트 맡기기'로 정해보자. 회사가 끝나면 집에 가서 일단 밥을 먹고 옷장에서 겨울 코트를 꺼낸다. 당신은 이왕 맡기는 김에 다른 옷도 함께 맡기자 싶어 옷장을 둘러본다. 실크 원피스를 하나 더 발견한다. 겨울 코트와 원피스를 들고 세탁소에 가려는데 얼마 전에 새로 생긴 세탁소가 떠오른다. 그쪽은 어떨까 싶어서 가보니 개점이라고 싸게 해준다고 한다. 기분이 좋아진 당신은 집으로 돌아와서 정리정돈을 시작한다. 덕분에 집안도 깨끗해지고 편안히 쉴 수 있는 밤이 찾아온다.

하루에 꼭 해야 할 일 하나만 하는 것은 쓸데없는 에너지를 낭비하지 않고 알찬 하루를 보내는 데 도움이 된다. 굳이 이것저것 하겠다며 아무것도 제대로 하지 않는 것보다 딱 하나를 하더라도 제대로 하는 게 더 낫다.

데이트할 때도 마찬가지다. 그 하루는 오로지 그 사람과의 데이트 약속 하나만 잡는다. 아침에 일어나서 샤워를 하고 화장을 하고 머리를 하고, 이것만 해도 시간이 금방 갈 것이다. 데이트 전에 친구에게 전화를 걸어 이 남자가 어떤 남자일지 추측하는 수다를 떠는 시간도 필요 없다. 그리고 약속 장소에 일부러 늦게 나갈 필요도 없다. 시간에 쫓기는 모습을 보이지 않도록 넉넉하게 간다.

데이트는 충분히 즐긴다. 데이트는 지금까지 다른 환경에서 자란 남녀가 만나는 것이다. 하나부터 열까지 전부 마음에 들기는 어렵다. 그래도 잠시나마 새로운 경험이라 생각하고 즐겁게 보낸다. 이 남자는 아니다 싶으면 다음부터 연락을 받지 않으면 된다. 정 마음에 안 들거든 남자와 헤어지고 나서 여자 친구에게 전화를 걸어 마음껏 수다를 떨고 흉을 보면 된다.

덧붙여 한 가지를 더 한다면 그날의 화장이나 옷에 대해서 스스로 생각해보는 게 좋다. 다음에는 좀 더 캐주얼한 차림이 좋겠다든지 하는 식으로. 대신 당신의 태도는 비판하지 말 것! 마음껏 즐겼다면 그것으로 충분하다.

    데이트하는 날은 오로지 당신만을 위한 날이다. 마음껏 즐겨라. 그 누구도 당신의 즐거운 날을 망칠 수는 없다. 아무리 마음에 안 드는 상대라고 할지라도.

왕자에게
먼저
다가가지 마라

술자리는
가리는 센스를 발휘해줘

　　　　　술자리만큼 사건·사고가 많은 곳도 없다. 물론 스킨십 사건도 술자리에서 벌어지게 마련이다. '차 한잔 마시다가' 혹은 '저녁 먹다가' 그런 일이 벌어졌다는 경우는 별로 없지만 '술 한잔 하다가 그렇게 됐다'는 말은 무수하다.
　　여자들은 '술자리'를 단순히 술만 먹는 자리로 인식하고 남자들과 어울려 술을 마시는 경우가 많다. 그러나 남녀관계에선 술자리가 큰 역할을 한다. 좋은 역할도 하지만 나쁜 역할도 많이 한다.
　　남자들이 여자들과 술자리를 함께할 때 기대하는 건 무엇일까? 즐겁게 술 마시고 대화를 나누다 헤어지는 그 정도일까? 딱 까놓고 말해 대답은 No! 물론 처음은 그렇게 시작했을지도 모른다. 그러나 알코올이 들어가면 슬슬 남자들의 본능은 이성을 뚫고 나오기 시작한다. 그러면 가장 가까이 있는 이성에게 여러 가지 시도를 하려 할 것이다. 이야기를 듣는 것만으로도 눈살 찌푸릴 여자들이 있다는 것은 알지만, 이것은 남녀의 차이에서 오는 것일 뿐이다.

술자리에 참가할 때 사건(?)을 방지하기 위해선 당신의 굳은 마음가짐이 필수다. 몇 가지 규칙을 만들어놓으면 편하다. 몇 가지 방법을 소개하자면, 기분이 나쁜 날은 남자가 있는 자리에서 술을 마시지 않는다. 기분 나쁜 날은 술을 많이 마시고 취할 확률이 높다. 그럴 때는 조용히 혼자 집에 돌아가는 게 좋다.

남자가 있는 술자리에서는 3차는 가지 않는다. 1차 식사, 2차 맥주. 그 정도까지만 하고 집에 늦으면 안 된다거나 취했다고 핑계를 대고 집으로 돌아간다.

남자의 집으로 가서 마시지 않는다. 아무리 그룹으로 가더라도 남자의 집에서 술을 마시는 것처럼 위험한 일은 없다. 술 마시다가 언제든 택시를 타고 돌아갈 수 있으리라 생각하겠지만 술이 들어가면 다른 사람들도 함께 있으니 같이 자고 가도 되겠다는 생각을 할 수도 있다.

강간을 피하자는 성폭력 예방 차원에서 하는 얘기가 아니다. 다만 본인이 원하지 않는 사건으로 인해 마음의 상처를 입는 일은 없도록 하자는 것이다. 실제로 친구 M은 회사 내에서

20명의 부하를 거느린 팀장이었는데, 직원 송별회 자리에서 술에 취하자 부하 직원이 함께 택시를 타고 바래다주다가 가슴속으로 손을 넣는 바람에 아주 곤란했었다고 한다. 그 다음 날부터 둘은 눈도 못 마주치고 결국에는 그 남자 직원이 퇴사를 하고 말았다. 원치 않는 스킨십이 언제 어디서 생길지 모른다는 사실을 잘 보여주는 예다. 그 후로 그 친구는 회사의 술자리라도 마음 놓고 취할 때까지 마시지 않고 항상 멀쩡할 때 집으로 돌아온다고 했다.

물론 애인과 함께 술자리를 하는 것은 상관없다. 그러나 술로 인해 어떤 스킨십의 충동을 느낄지 모르는 남자들과 장시간 있는 것은 위험한 사고를 눈앞에 두고 있는 일일지도 모르기 때문에 조심해야 한다.

이런 것까지 생각한다면 조금 더 놀고 싶어도 조금 더 함께 있고 싶어도 그쯤에서 끝내고 집으로 돌아오는 편이 좋다. 당신에게 관심이 있는 남자라면 당신이 중간에 집으로 돌아갔다고 해도 반드시 다시 연락한다. 그러니 다시 연락하지 않으면 어쩌지 하는 걱정은 접어두어도 좋다. 게다가 우리에게는 언제나 신나게 놀아줄 여자친구들이 있다. 죽어도 끝까지 놀고 싶은 날에는 여자친구들과 마음껏 어울리자. 밤새도록.

왕자에게
먼저
다가가지 마라

제1의 조건은
나를 좋아하느냐다

여러분이 바라는 남자의 조건은 무엇인가? 많은 여자들이 '평범한 남자'면 된다고 대답하며 자신의 눈이 결코 높지 않음을 강조한다. 과연 그들이 말하는 평범한 남자란 어떤 사람일까?

'어느 정도 연봉이 되고, 키도 175센티미터 이상은 되고, 얼굴은 같이 다니기 부끄럽지 않을 만큼이면 되고, 성격은 모나지 않고 자상한 사람'이라고 해보자. 이런 남자가 있다면 당신은 당장에라도 사랑에 빠지고 결혼할 것이라고 장담할 수 있을까?

장담할 수 없는 이유는 조건에 한 가지가 빠져 있기 때문이다. 이 남자가 당신을 좋아할 것인가, 바로 그것이다. 조건에 대한 함정은 바로 여기에 있다. 평범한 남자를 바란다고 하면서 평범한 남자가 나를 좋아할지 아닐지는 전혀 의심하지 않는다. 자신이 생각하는 평범한 남자라면 평범한 여자인 나를 절대 좋아하지 않을 리가 없다고 생각하는 것이다.

처음 만남에서 저지르는 실수가 바로 이 조건에 있다. 객관적인 조건으로만 판단해버리고는 정작 나를 좋아하는가라는 중요한 조건을 알아볼 기회를 놓치고 만다.

그 남자가 자신을 좋아하는지 아닌지가 왜 중요한지 조금 더 구체적으로 생각해보자. A라는 남자가 있다. 연봉이 5000만 원이고 키는 175센티미터이며 얼굴은 호남형에 성격도 친절해 보인다. B는 연봉이 3000만 원이고 키는 170센티미터이며 얼굴은 호남형까지는 아니고 성격도 까칠해 보인다.

이 두 남자의 조건을 하나하나 따져보자.

A는 당신과의 데이트 비용을 전부 더치페이한다. 결혼 후엔 달라질 거라고 생각하겠지만, A의 행동으로 짐작해볼 수 있는 것은 당신에게 월급 전부를 기분 좋게 맡길지 일부만 맡길지 모른다는 것이다. B는 데이트 비용을 전부 부담한다. 결혼해서는 당신에게 월급의 전액 결정권을 줄지도 모른다. <u>남편의 경제력은 한 달에 얼마를 버는지보다 당신에게 얼마를 줄 수 있느냐가 기준이 되어야 한다.</u> 한 달에 300만 원을 벌어도 당신에게 100만 원만 주는 사람이 있고 한달에 200만 원을 벌어도 당신에게 전부 주는 사람이 있다. 절대적으로 월급만 비교하는 것은

어리석은 일이다.

키가 175센티미터이건 170센티미터이건 당신보다 크면 문제될 것은 없다. 오히려 그 남자가 키 큰 여자를 선호하느냐 키 작은 여자를 선호하느냐에 따라 당신에 대한 남자의 태도가 좌우된다. 내가 아는 한 남자는 웬만한 여자는 거절해본 적이 없는데 유일하게 자신보다 키가 큰 여자를 거절한 적이 있다고 한다. 그 여자에게 직접적인 이유는 말하지 않았다고 하니 그분은 자신이 왜 거절당했는지 아직도 모를 것이다.

얼굴이 호남형이냐 아니냐는 중요할 수도 있다. 그러나 이 부분도 남자가 당신에게 얼마나 애정을 보여줄지와는 전혀 상관없는 문제다.

성격이란 부분은 겉으로 여러 사람에게 두루두루 친절한 것인지 당신에게만 친절한 것인지를 먼저 파악해야 한다. 성격이 좋아 보였던 남자가 직장 동료의 생일은 잘 챙기면서 당신 생일을 잊는다면 그는 당신을 소중히 여기는 게 아니다.

여자들이 내거는 조건이 얼마나 위험한 발상인지 모른다. 제1의 조건은 연봉도 키도 아니고 남자가 자신을 좋아하고 있는지가 되어야 한다. 또한 평범한 조건의 남자라면 평범한 당신을 좋아하리라는 착각에서 벗어나는 게 좋다. 당신이 평범하지 않기 때문이 아니라 남자들이 제1의 기준으로 삼는 그들의 외모 취향에서 벗어나기 때문이다.

이제부터 남자를 고를 때는 '자신을 진정으로 좋아하느냐, 아니냐'를 제1의 조건으로 생각하자. 겉으로는 까칠해 보이고 다른 사람들에게도 특별히 친절하게 굴지 않지만 당신에게만은 친절하고 살갑게 대하는 사람이 차라리 낫지 않은가?

왕자에게
먼저
다가가지 마라

데이트는
신데렐라처럼!

 첫 번째 데이트! 아는 친구가 소개한 그 사람의 프로필을 들을 때부터 호감이 갔다. 막상 만나고 보니 외모도 괜찮고 매너도 좋아 보인다. 처음에는 자연스럽게 커피숍에서 차 한잔을 하고 일어서는데 이번에는 저녁을 먹으러 가자고 한다. 당신은 좋은 신호라 생각하고 같이 저녁을 먹는다. 저녁을 먹는 내내 즐거운 대화가 이어졌고 식사는 이제 끝나간다. 이때 남자가 묻는다.
 "어디서 술 한잔 하고 갈까요?"
 당신은 그 남자와 술 한잔 하고 싶은 생각이 굴뚝같다. 만약 이 좋은 분위기에서 그냥 집에 간다고 하면 다신 연락이 오지 않을까 걱정도 된다. 아까 듣다 만 회사 회식 자리에서의 에

피소드도 마저 듣고 싶다.

자, 당신이라면 어떤 선택을 하겠는가?

이때야말로 당신이 'No'라고 말해야 할 때다. 물론 친절하게.

"내일 아침 일찍 친구랑 약속이 있어서요."

더 잘 먹히는 대답은 언제나 우리의 울타리가 되어주시는 부모님을 방패로 내세우는 것이다.

"부모님이 늦으면 뭐라고 하셔서요."

당신에게 관심 있는 남자라면 여기에서 끝내지 않을 것이다. '집에 데려다 드릴 테니 좀 더 같이 있으면 안 될까요?', '아직도 그 나이에 부모님 눈치를 보세요?'라면서 딱 한 잔만 하고 가자고 조를 것이다. 그러나 당신은 여전히 상냥하게 말해야 한다. "저도 있고 싶지만 사정이 그래서요. 대신 다음에 또 만나요"라고.

마음껏 신데렐라가 되자. 신데렐라를 옛날 동화라고 우습게 볼 것이 아니다. 신데렐라는 무도회에 오기 위해 마법을 쓰면서까지 제대로 꾸미고 왔고, 왕자님 맘에 들었고, 누더기 옷으로 변하는 것을 보여주기 싫어서 열두 시가 되기 전에 도망 나왔다.

신데렐라의 행동을 유심히 살펴보자. 열두 시라는 시간 제한이 왕자의 마음을 사로잡는 데 무엇보다 큰 역할을 했음을 알 수 있다. '신데렐라는 남겨놓을 유리구두라도 있었지 않느냐'고

묻는 사람이 있을 것이다. **여러분들도 언제 어디서나 왕자님이 찾아오게 할 유리구두를 가지고 있다. 바로 연락처(전화번호)다.** 오늘 즐거웠습니다, 라고 말하고 돌아와서 다음 연락을 기다리기만 하면 된다. 굳이 노력이라고 한다면 전화번호를 안 바꾸는 정도라고나 할까.

데이트에서도 역시 늘 아쉬움을 남겨놓는 것이 중요하다. 특별한 날에만 조금씩 시간을 늘리거나 하는 방법도 좋다. '오늘은 밸런타인데이니까 술 한잔 하죠' 하는 식으로 자연스럽게.

한 가지 주의할 점. 매일 데이트를 하는 것도 좋지 않다. 좋아하는 사람과 항상 같이 있고 싶고 매일 만나고 싶겠지만 결혼 후로 미루는 것이 현명하다. 여행도 마찬가지다. 혹시 같이 여행을 가게 된다면 길어도 2박 3일 정도면 충분하다. 일주일 동안 같이 있게 되면 남자는 여자와 마음껏 함께 있었다는 생각에 더 이상 함께 있고 싶어 하지 않을 수도 있다. 일주일에 한두 번 정도 데이트를 하는 것이 적당하다. 남자가 매일 만나자고 하더라도 유혹을 뿌리치고 적당히 기간을 조절하자.

만약 신데렐라가 좀 더 같이 있어달라는 왕자의 요구에 못 이겨 열두 시를 넘겼다면 어떻게 되었을까? 누더기 옷을 입은 신데렐라를 왕자가 보았다면? 그랬더라도 '둘은 밤을 함께 보냈고 영원히 행복했습니다'라는 결말을 얻었을까?

아마도 왕자는 신데렐라와 하룻밤 자고 그 다음 날은 다른 무도회를 열었을 것이다. 신데렐라는 왕자와의 하룻밤을 행복한 추억으로 여기며 평생 허드렛일을 하면서 살았을지도 모른다.

왕자에게
먼저
다가가지 마라

축구·군대·정치 얘기에
인내심을 발휘하자

흔히 알려진 우스갯소리가 있다. 남자들이 하는 얘기 중에 여자가 싫어하는 것 3위는 축구, 2위는 군대, 1위는 군대에서 축구한 얘기라는 것이다. 거기에 한 가지 더하자면 정치 얘기가 있다. 남자들은 이런 농담이 퍼져 있는 것을 알면서도 여자들 앞에서 군대, 축구, 정치 얘기하는 것을 서슴지 않는다. 그것도 한번 시작하면 자기도취에 빠져서 언제 끝날지 알 수도 없을 정도다.

자, 여기서 인내심을 갖자. 이야기하고 싶은 만큼 이야기하고 스스로 멈출 때까지, 맞장구만 가끔 치면서 들어주자. 그것만으로도 당신은 보기 드물게 '대화가 통하는 여자'가 될 것이다.

나에게도 이런 경험이 꽤 있다. 도대체 나는 한마디도 제대로 하지 않았는데 왜 남자들에게 '대화가 통한다'는 말을 들을까 의아할 때도 많다. 사실 남자들의 군대, 축구, 정치 얘기를 듣고 있자면 여자친구들과의 수다가 그립기까지 하다.
　게다가 이 세 가지로는 남자들의 가치관이나 취향도 알 수 없다. 그저 한 귀로 듣고 한 귀로 흘리면 되는 아주 평범한 이야기다. 지금까지 만난 남자들로부터 몇백 번은 비슷한 얘기를 들어서 누가 공수부대였고 누가 휴전선에 근무했고 누가 해군이었는지 지금도 기억하지 못한다.
　내가 별로 구미가 당기지 않는 이런 얘기를 들어주는 것은 딱 두 가지 이유에서다. 그 남자에게 잘 보이고 싶거나 그 남자를 좋아할 때. 남자들이 여자들이 싫어한다는 걸 알면서도 여자 앞에서 그런 얘기를 스스럼없이 한다는 건 대화를 하고 싶다는 의지의 표현일 수 있다. 그런 좋은 징조를 망쳐서는 안 되지 않겠는가. 중간에 반론을 하고 싶다거나 더 재미있는 에피소드가 생각나도 참자. 그건 나중에 여자친구를 만나서 실컷 떠들면 된다.
　이미 누군가에게 공수부대 얘기를 들어서 고된 훈련 후의 초코파이 에피소드가 지겨울 정도라도 처음 들은 것처럼 놀란 척해주자. 그리고 남자가 험난한 생활을 무사히 이겨낸 것을 진심으로 기뻐해주는 척이라도 하자.
　여자가 얘기를 잘하면 '재미있는, 얘기를 잘하는' 여자는 될지 몰라도 '대화가 통하는, 사귀고 싶은 여자'는 될 수 없다. 남자가 70~80퍼센트를 얘기하게 하고 본인은 20~30퍼센트만 얘기해보자. 남자의 이야기를 들으며 대답이나 반응만 제대로 하면 되는 정도다. '네', '아니요', '고마워요', '그래요?' 등의 말만 해도 전혀 상관없다.

중간에 대화가 끊겨서 어색하더라도 절대로 화제를 찾거나 대화를 이어가려고 고민하지 말자. 그 침묵을 해결해야만 할 것 같은 사명감에 불타는 여자들도 있다. 솔직하고 꾸밈없는 모습을 보여준다고 생각하면서. 그러나 잊지 말자. 순간의 침묵을 해결해야 하는 것도 남자의 몫이다. 만약 남자가 그 침묵을 해결하려 하지 않는다면 나에게 관심이 없다고 판단하고 '집에 급한 일이 생겼다'고 말하고 그 자리를 떠도 좋다.

나도 배울 만큼 배웠고 세상만사에 그만큼 관심도 있고 도저히 참을 수 없을 정도로 공감대가 느껴져서 남자와 내가 50퍼센트 정도씩 떠들었는데 남자가 '참 재미있는 분이시네요'라고 하면 마음을 비우자. 그 말 그대로 남자는 당신을 '재미있는 여자'로 생각할 것이고 남자 쪽에서 먼저 연락하는 일은 십중팔구 없을 것이다.

남자들의 화제는 개인사 아니면 자기 자신 정도로 압축된다. 개인사는 나름대로 특징이 있어서 재미있을 때도 있지만 군대, 축구, 정치 얘기는 정말 지루하고, 누구를 만나도 같은 레

퍼토리가 반복된다. 그 대화를 얼마나 잘 들어주느냐가 앞으로 두 사람 관계의 갈림길이 될 수 있다.

 대화를 들어주는 것은 무조건 나의 의견을 얘기하지 말라는 의미가 아니다. 먼저 들어주라는 것이다. 그렇게 하면 상대방을 판단할 수 있는 여유를 가질 수 있고 상대방에 대해 파악할 수 있는 좋은 기회도 된다.

 또 한 가지, 남자가 당신의 연애 경험을 물을 수도 있다.

 "전 남자친구랑 헤어진 지 얼마나 되셨어요?"

 그러면 당신은 솔직한 게 좋다 생각하며 "헤어진 지 1년쯤 되었어요"라고 대답할 것이다. 속으로는 '실은 6개월 전인데'라고 생각하면서.

 "왜 헤어졌어요?"

 "그 남자가 절 속였어요."

 당신은 상대 남자는 그런 남자가 아니길 바란다는 것을 우회적으로 표현했다고 뿌듯해할지도 모르겠다. 부디 첫 만남에서는 이런 대화를 피하자. 두 번째 만날지 안 만날지도 모르는데 벌써부터 자신의 경험담을 얘기하는 것은 바람직하지 않다. 이런 주제는 피한다 해도 전혀 손해가 될 게 없다.

 남자가 이런 것을 물을 때는 정말로 궁금하다기보다 그저 화제의 하나로 쓰려는 의도가 많다. 오히려 남자가 여자보다 질투심이 깊은 경우가 많아서 자기가 좋아하는 여자 입에서 다른 남자에 관한 얘기가 나오는 것을 못 견뎌 한다. 진짜 당신에게 관심 있는 남자라면 묻기 어려운 주제다.

친구인 C는 이혼 후 여러 남자를 만났는데 대부분의 남자들은 처음부터 왜 이혼했는지를 물어왔다. C는 상대가 그것을 아는 게 중요하다고 생각해서 친절하게도 꼬박꼬박 답을 해줬는데 돌아오는 대답은 언제나 한결같았다.

"솔직히 답변해줘서 좋다."

문제는 더 이상의 진전이 없었다는 것이다. 그제야 그녀는 그 질문이 자신에 대해서 관심이 있거나 좋은 관계를 맺으려고 꺼낸 얘기가 아니라 단순한 화제에 지나지 않는다는 것을 깨달았다. 자신에게는 무게 있는 주제를 상대방이 화제 정도로만 묻는다는 것에 좀 화가 나기도 했지만 그런 질문을 하는 사람은 자신을 진지한 상대로 보지 않는 것으로 판단할 수 있었다. 그 이후 남자들이 이혼한 이유를 묻더라도 그 화제는 피했다.

그녀는 처음부터 이혼 사유를 묻는 남자는 경계했고 유일하게 이혼 이유를 묻지 않았던 남자와 1년 가까이 교제하고 결혼했다. 남자들과 대화할 때 단순한 화젯거리로 자신의 신상에 대해 얘기하는 경우를 피하자. 일부러 이야기를 피하는데도 자꾸 물어오는 남자는 다시 만나지 말자. 눈치도 없고 상대에 대한 배려도 없는 남자다.

왕자에게
먼저
다가가지 마라

남자에게서 여자 취향을
알아내는 대화법

　　　　　자신이 관심 있는 남자가 어떤 여자를 좋아하는지 당연히 궁금할 것이다. 은근슬쩍 남자의 취향을 알아보는 대화법을 공개한다.
　일단 일반적인 대화를 예로 들어보자.
　"○○씨는 어떤 여자가 좋아요?"라고 남자에게 물으면 남자는 이렇게 대답할 것이다. "예쁜 여자요", "눈이 큰 여자요", "다리가 예쁜 여자요", "가슴이 큰 여자요" 등등.
　그럴 때 여자들은 대부분 이렇게 반응한다.
　"외모를 중요하게 생각하시나 봐요?"
　여자들은 남자가 외모를 본다는 것을 알면서도 처음 나온 대답이 '역시나' 외모라는 것을 확인하고는 더 이상 묻지 않거나 '당신은 외모만 보는 속물'이라는 듯 이렇게 한 번 짚고 넘어간다.

이런 말을 들은 남자들은 금방 화제를 바꾼다. 남자들은 여자들이 외모보다 성격을 중요시한다는 것을 너무나도 잘 알고 있는 터라, 이런 질문을 들은 이상 외모 얘기를 진행시키지 않는다. "그게 아니라 성격도 중요하죠. 절 잘 이해해주는 여자가 좋지요"라고 대답하고 상황을 넘긴다. 남자가 상황을 모면하려고 적당히 둘러댄 대답을 들은 여자는 자신이 평범한 외모지만 성격으로는 이 남자의 사정권 안에 들었다고 안심하며 기대를 한다.

정말 남자의 취향이 궁금해서 대화를 시도한 것이라면 이 여자는 큰 실수를 했다. 중요한 단계를 생략한 것이다. 즉 남자가 가진 여자의 외모에 대한 세세한 선호도를 알 기회를 놓친 셈이다.

다시 처음으로 돌아가서 "어떤 여자를 좋아해요?"라고 물었을 때 '눈이 큰 여자'라고 대답했다고 하자. 여기서 그 주제로 계속 대화를 이어가는 것이 방법이다. 성격은 제쳐두고 외모 이야기만으로 대화를 끌어가 보자.

"아, 그럼 전에 사귄 여자가 눈이 컸어요?"라고 묻든지, 만약 같은 회사 사람과의 허물없는 대화라면 "우리 회사에서 딱 외모로만 예를 들면 누가 제일 맘에 들어요?" 하고 묻는 것이다. 이렇게 얘기하다 보면 그 남자가 가진 여성상에 대해서 알 수 있다.

　남자들이 여자를 볼 때는 성격보다 외모에 더 큰 변수가 있다. 그런 남자에게 성격이나 취미 같은 것들을 물어서는 별 소득을 얻을 수 없다. 자연스럽게 외모에 대한 취향을 물어보면 좋아하는 여자의 타입을 어느 정도는 알 수 있다. 예를 들어서 '눈이 크고 키가 작고 통통한 여자'라는 이미지가 완성되었다 치자. 본인이 '눈이 크지 않고 키가 크고 날씬한 여자'라면 남자의 스타일과는 상당히 동떨어진 사람이 된다. (객관적으로는 후자가 더 미인일지 몰라도.) 그런 남자에게 성격으로 아무리 들이밀어봤자 첫눈에 맘에 들 확률은 낮다.

　지금까지 남자를 만나면서 무심결에 들었던 말을 떠올려 보라. 당신에게 사랑을 고백했던 혹은 관심을 가졌던 남자들은 대부분 당신의 외모에 대해 칭찬을 많이 한 사람이거나 최소한 특정 부위를 좋아했던 사람일 것이다.

　이런 대화는 남자와 사귀기 전 허물없는 친구 사이일 때, 혹은 아는 사이일 때 가볍게 해두면 도움이 된다. 남자의 취향이 궁금하다면 '외모를 보시나 봐요'라고 비꼬듯 묻지 말자. 남자의 입만 다물게 할 뿐이다. 차라리 남자가 선호하는 스타일이 머릿속에 그려질 때까지 구체적으로 물어보자. 그 후에 전략을 짜도 늦지 않다.

왕자에게
먼저
다가가지 마라

내숭은
절대 마이너스가 아니다

많은 사람들이 남자 앞에서는 내숭이 필요하다고 말한다. 하지만 대부분의 여자들은 어쩌면 '내숭무용론'에 빠져 있을지도 모르겠다.

'어차피 나중에는 다 들킬 거, 왜 처음에만 내숭을 떨어야 할까?' 혹은 '내숭 정도는 남자들이 쉽게 알아차릴 텐데 너무 뻔뻔한 거 아닌가?' '난 솔직하고 쿨한 게 좋아. 내숭은 너무 가식적이잖아. 내숭 떠는 여우들만큼 눈꼴 시린 게 어디 있어'라고 생각하면서.

그렇다면 걱정 붙들어 매라고 말하고 싶다. 남자는 여자들의 내숭을 알 수가 없다. 유별나게 오버하며 '나 내숭 떨어요'라는 온갖 행동을 하지 않는 이상. 알아챈다면 그건 진짜 플레이 보이일 확률이 높다.

우리는 주변에서 남자를 만나면 내숭 떠는 여자 열 명쯤은 쉽게 떠올릴 수 있다. 그러나 거꾸로 남자에게 내숭 떠는 여자를 찍어보라고 하면 쉽게 대답하지 못한다. 왜 그럴까?

남자는 여자에 대해서 그다지 속속들이 알지 못하는 데다, 여자도 남자가 있을 때와 없을 때를 자연스럽게 구분하고 다르게 행동해왔기 때문이다. 예를 들면, 집에서 언니와 오빠, 여동생과 남동생에게는 당연히 다르게 대했을 것이다. 오빠나 남동생 앞에서 옷을 막 벗어던지지도 않을뿐더러 수다를 떨지도 않았을 것이다. 물론 가족 중에 여자끼리 떠들거나 행동하는 것을 남자들이 보았을 수는 있지만 그것은 어쨌든 직접적인 교류가 있었던 게 아니라 한 단계 거친 과정이다.

멋모르는 초등학교 시절이라고 해서 과연 옆자리의 남자친구에게 본모습을 보여줬을까? 남녀 공학인 중·고등학교라 하더라도 정말 남자친구를 대할 때 아무런 긴장감도 없이 대하진 않았을 것이다.

즉 남자들은 대부분 여자가 내숭을 떠는 모습만 보아온 것이다. 여자들끼리 화장실에서 어떤 수다를 떠는지, 밤새 여자친구랑 어떤 대화를 하는지, 분식집에서 얼마나 왁자지껄하게 떠들고 게걸스럽게 먹는지 알지 못한다.

그런 남자에게 여자의 내숭과 아닌 점을 구분해보라는 것은 무리다. 그러므로 처음 만난 자리에서 여성스럽게 보이는 것은 당연히 플러스가 된다. 처음 만난 자리에서 있는 그대로 보이겠다고 편한 바지에 티셔츠를 입고 나간다면 잘 보이기 위해 원피스를 입고 나온 여자보다는 당연히 좋아 보이지 않을 것이다. 마찬가지로 미소를 띠고 남자의 말에 맞장구를 치며 들어주는 여자와 창밖으로 지나가는 사람의 패션까지 평가해가며 수다 떠는 여자, 둘 중에 어느 쪽을 더 좋아하겠는가?

많은 여자들이 착각하는 것 중 하나가 '성격(착한 여자)'이 '이성적인 끌림'을 뛰어넘을 것이라고 믿는 것이다. 그러니 미인은 아니지만 처음부터 있는 그대로 보여준다면 자기를 좋아할 것이라고 생각한다. 그러나 '이성적인 끌림'에서 시작되지 않으면 성격까지 알 길은 없다.

여자의 내숭은 남자에게 결코 마이너스가 되는 행동이 아니다. 부디 걱정하지 말고 마음껏 내숭 떨자. 혹시 나중에 친구들이나 가족을 만나서 본모습이 들킬까 걱정할 필요도 없다. 아마 그때쯤이면 친구들이나 가족이 당신에 대해 '얘가 이래도 집에 와선 양푼에 밥을 비벼 먹어요'라고 흠을 잡더라도 전혀 신경 쓰지 않을 것이다. 오히려 귀엽게 볼지도 모른다.

왕자에게
먼저
다가가지 마라

잘해줘도
유난히 싫은 남자가 있다

　가끔은 부모님이나 친구들이 이렇게 말한다. "얼굴도 그만 하면 됐고 직업도 괜찮고 사람도 나쁘지 않은데 넌 뭐가 싫으니?" 그 말 그대로 어디 하나 부족함이 없어 보이는데 왠지 싫은 그 사람. 굳이 싫다면 인상이 좀 우락부락하다는 것 정도일까. 여자들은 예민하고 섬세하고 민감하다. 그래서 남자들보다 본능과 직관이 발달한 편이라고 한다.
　한 가지 질문을 해보겠다. 쇼핑을 갔는데 지나다가 쇼윈도에서 예쁜 원피스를 봤다. 지금 사지 않으면 정말 후회할 것 같은 디자인에 꼭 나를 기다리고 있었던 것만 같다. 가격도 그다지 비싸 보이지는 않아서 그 가게를 좀 더 돌아 보기로 했다. 가게 안에서 방금 본 원피스보다 조금 더 실용적인 것이 눈에 띄었다. 회사에도 입고 갈 수 있을 것 같고 주말에도 입을 수 있을 것 같다. 가격도 아까 것과 비슷해 보인다.

여러 분이라면 어떤 것을 고르겠는가?

전자를 고른 사람에게 후한 점수를 주고 싶다. 본능적인 감각으로 고른 옷이기 때문이다. 그렇기 때문에 사고 나서도 소중히 여기고 자주 입을 것이다. 후자의 경우, 막상 사고 나면 옷장 안에 처박혀 자주 안 입게 될지도 모른다. 여러 가지 이유로 자신을 합리화시키고 설득시켜서 산 옷이기 때문이다.

물론 언제나 이 경우가 맞다고는 할 수 없다. 하지만 본래 우리가 타고난 본능과 직관을 발전시키면 더욱 행복해질 수 있다는 것은 확실하다. 그런데 오히려 그 본능과 직관을 이성으로 누르려 하면서 본인도 납득하기 어려운 괴로움에 부딪힐 때가 의외로 많다.

남자에 대해서도 마찬가지다. 나에게 아무리 잘해줘도 유난히 싫은 남자가 분명 있다. 바로 '생리적 거부감'이다. 이 생리적 거부감은 본능적으로 거부하는 것으로 이해하면 된다. 오늘 친구들과 이것에 대해 이야기를 나눠보자. 의외로 여러 가지 면에서 생리적인 거부감을 가지고 있을 것이다.

여자만 생리적 거부감이 있는 것은 아니다. 어떤 남자는 여자를 처음 만나서 얘기도 잘 통하고 얼굴도 괜찮았는데 일어나서 나갈 때 종아리가 보기 싫어서 거절했다고 한다. 내가 어떤 남자에게서 생리적 거부감을 느낄 수 있듯이 나 또한 어떤 사람에게 생리적 거부감을 줄 수도 있다.

생리적 거부감이 드는 사람을 억지로 만날 필요는 없다. 그러나 느낌이 오지 않는 것과 생리적 거부감은 분명 다르다. 느낌이 오지 않는 것만으로 일부러 그 남자를 거부할 이유는 없다. 본능적으로 거부하지 않는다면 좀 더 시간을 두고 만나보는 것도 좋다.

이제 이유 없는 싫음에 대해서는 생리적 거부감이란 말로 당당하게 표현하자. 지극히 상대적인 것이므로 미안해할 필요는 없지만 상대방이 들었을 때 상당히 충격적일 수 있으니 상대방 앞에서는 이 표현을 쓰지 않는 센스를 발휘하자.

왕자에게
먼저
다가가지 마라

설렌다고
다 사랑이 아니다

　　　　　　　　　　미국의 유명한 속담 중에 '반짝인다고 다 금은 아니다(All that glitters is not gold)'라는 말이 있다. 보이는 게 전부가 아니라는 뜻이다. 개인적으로 이 말을 참 좋아하는데 남녀관계에서도 이처럼 좋은 말은 없는 것 같다. '괜찮은 남자인 줄 알았는데 알고 보니 아니더라'라는 의미가 아니라 자신의 감정에 대한 이야기다. 나는 이 말을 '설렌다고 다 사랑이 아니다'라는 뜻으로 설명하고 싶다.

　　우리는 흔히 설렘이 사랑의 시작이라고 생각한다. 우연히 마주쳤는데 따뜻한 눈빛을 느꼈다든가, 미소가 아름답다든가, 혹은 엘레베이터 문을 잡아주는 친절함 등 우리가 설렘을 느낄 수 있는 일은 참 많다. 좀 더 구체적이라면 소개팅을 해서 처음 만났는데 호감이 갔다든지, 직장 동료로만 보았는데 어느 날 호감을 느꼈다든지, 친한 선배로만 생각했는데 어느 날 남자로 보였을 수도 있다.

자, 그렇게 시작한 만남의 결과를 떠올려보자. 대부분은 그 설렘이 무색할 정도로 안 좋은 결과로 치달은 경험이 없는가? 그렇다면 그 설렘은 과연 무엇이었을까?

우리는 '설레는 것은 사랑'이라는 공식을 머릿속에 집어넣고 무턱대고 믿어온 것은 아닐까? 단 한 번의 의심도 없이. 그렇게 해서 실패만 거듭했다면 '설레는 마음'이 없는 상태에서 사랑이 시작될 수도 있다는 생각을 해보는 건 어떨까? 정말로 오래가고 성실한 사랑은 설렘이 아니라 일상생활 같은 자연스러움으로 시작할 수도 있다. 자신이 그런 사실을 보려 하지 않았던 것은 아닐까?

사람의 장단점을 너무 부각시키는 것으로 상대를 판단하려 했을 수도 있다. 우리는 흔히 '다 좋은데 대머리야', '다 좋은데 뚱뚱해', '얼굴 잘생긴 거 빼곤 볼 것 없네' 등등 한 가지 면만을 부각시키는 언어습관을 입에 달고 다닌다.

다 좋은데 대머리라면 정말 좋은 사람 아닌가? (머리를 심는 것은 차치하고라도.) 다 좋은데 뚱뚱하다면 정말 좋은 사람 아닌가? (다이어트에 실패하더라도.) 얼굴 잘생긴 거 빼곤 볼 거 없는 사람을 왜 만나는가?

처음에 느꼈던 호감이나 설렘은 우리가 그 사람의 장점만을 부각시켰기 때문인 경우가 많다. '친절한 태도' 때문에 설레었는데 알고 보니 그 외엔 스스로가 만든 허상의 이미지였던 것이다.

우리는 좀 더 많은 남자들의 장단점을 골고루 볼 줄 알아야 한다. 처음의 설렘은 그것으로 행복한 것일 뿐, 그것이 바로 어떤 판단으로 이어지는 것은 유보해야 한다. 반짝인다고 다 금이 아니다. 설렌다고 다 사랑이 아니다. 우리는 사랑에 도달하기도 전에 상처받을 수 있다.

주변의 남자들에게 좀 더 공평한 기회를 주자. 어느 순간 운명의 상대를 만날 수도 있지 않은가?

왕자에게
먼저
다가가지 마라

심심풀이 남자는
상대하지도 마

　　　　　남자를 만나기 전부터 괜한 편견을 가질 필요는 없다. 짚신도 짝이 있다고 했으니 어딘가에 자신의 짝이 있기는 할 텐데, 그 사람이 좋은 사람인지 아닌지 궁금하기는 하다.

　좋은 남자는 대체 어떤 남자냐고 물어온다면, 조금 진부할진 몰라도, '정말로 나를 사랑해주는 사람'이라고 답하겠다. 일단 '내가 좋아하느냐 아니냐'는 논외로 하고. 흔히 세상에서 말하는 학벌·외모·경제력 등을 갖춘 남자를 좋은 남자라고 한다면 세상에는 나쁜 남자가 더 많을 것이다.

　그렇다면 나쁜 남자는 어떤 사람일까? 남자들이 흔히 하나 정도는 가지고 있다는 도박·바람·폭력을 기준으로 들 수 있을까? 이 기준을 적용하면 세상에는 나쁜 남자보다 좋은 남자가 많을 것이다.

　필자가 보건대 특별히 나쁜 남자는 별로 없다. 극단적으로 좋은 남자와 나쁜 남자로 나누는 것도 사람을 사귀는 데 있어서 그다지 좋은 습관은 아니다. 오히려 여자들에게 있어 정말 나쁜 남자라면 '나에게 관심이 있는지 없는지 헷갈리게 하는 남자'라고나 할까?

　또 한 가지, 조심해야 할 남자가 있다. 바로 '심심풀이 남자'다. 내가 붙여본 이름인데, 심심풀이 남자는 여자와 일정 정도의 연락을 하거나 만남을 가지긴 하지만 본격적으로 사귀려 들지 않는 남자다.

　이 유형의 남자는 우리 주변에 참 많다. 전화나 문자는 자주 하면서 절대 만나자는 말은 먼저 하지 않는 남자, 가끔 연락해서 한 번 만나면 바로 잠수 타는 남자, 그리고 얼마 지나서 아무 일 없다는 듯 다시 나타나서 만나자고 하는 남자, 그리고 메신저로만 죽어라 말 거는 남자. 이 남자는 심지어 전화번호를 알고 있으면서도 절대 전화를 하지 않는다.

　유부남 중에도 이런 유형의 남자가 있다. 그냥 단순한 이성 친구로 보이려 하지만 엉겨 붙는 태도는 친구 이상이다. 이런 남자들은 시간이 지나도 절대 변하지 않는다는 특징이 있다.

　문제는 이런 남자들의 애매한 태도 때문에 여자들이 기대를 한다는 것이다. 전화나 문자는 자주 하니까 언젠가 만나자고 할 거야, 이번에도 만나고 사라졌지만 언젠가는 나에게 고백을 하겠지, 메신저만 하는 게 아니라 언젠가 전화도 하겠지 등등. '남자 한 명 더 알아두는 게 무슨 문제가 있어?'라고 생각하면서 전화도 문자도 열심히 받아주고 가끔 정말 나를 어떻게 생각하는지 궁금해서 먼저 연락을 하기도 한다.

그러나 그 상태로 1년, 5년 심지어 10년도 지나간다. 실제로 나는 10년을 넘긴 적도 있다. 사실 처음부터 남자가 '심심풀이'로 나를 만나고 있는지 아닌지를 알기는 어렵다. 중요한 것은 남자의 반응과 시간이다. 확실한 고백도 하지 않고 단계의 진전도 없이 그저 '연락'만 하고 있는 것은 심심풀이일 가능성이 높다. 여기서 여자의 단호한 선택이 필요하다. 심심풀이인 것을 알고 받아줄 것인가, 아니면 관계를 끊을 것인가.

또 하나의 기준은 시간이다. 한 달째 연락만 열심히 하고 있다면 (만나기 힘든 장거리 연애라도) 심심풀이라고 봐도 무방하다. 아무리 장거리 연애를 하더라도 사귀는 사이라면 한 달에 한 번은 만나려고 할 것이다.

나는 생각보다 심심풀이 남자가 많다는 데 매우 놀랐다. 여자들 중에는 남자와의 관계가 심심풀이일 수 있다는 것을 상상도 못하는 사람이 많다. 이 심심풀이는 '남자가 나를 갖고 놀았다'와는 다른 것이다. 차라리 '놀았다'라는 느낌이 들면 화를 내고 헤어질 수 있다.

　그러나 이 심심풀이들은 짜증나게는 해도 화나게 하지는 않는다. 때론 기분 좋게도 해준다. '남자는 없는데 그래도 이런 남자라도 있는 게 어디야'라고. 그러나 심심풀이를 상대하느라고 당신의 귀중한 시간과 다른 남자를 만날 기회를 뺏기고 있는 것은 아닌지 생각해볼 필요가 있다.

　당신을 진정으로 생각하는 남자라면 규칙적으로 당신을 만나려 할 것이다. 연락에 대한 변명에는 예민하면서 만남에 대한 변명에는 관대한 당신. 이제 주변에서 '심심풀이 남자'를 걸러내야 할 때다.

왕자에게
먼저
다가가지 마라

두 번째 데이트가
진정한 첫 데이트

"저 남자가 너한테 관심 있는 것 같아. 근데 성격이 소극적이라 대시 못하나봐······." "요즘 세상에 여자가 기다리기만 할 게 뭐 있어? 먼저 얘기해봐." "슬쩍 영화나 보러 가자고 해봐. 뭐 어때?" "정말 네 타입이라면 먼저 얘기해봐. 나중에 후회하지 말고."

망설이는 친구에게 이렇게 조언을 한다. 여자가 먼저 대시해서 결혼을 했다는 전설도 곳곳에서 듣는다. 다시 생각해보자. 이것은 어떤 의미로 보면 취업을 하기 위해 구직 활동을 하지 않고 자격증만 준비하는 것과 같다. 얼핏 보면 취업과 연관되어 보이지만 구직 활동은 안 하면서 자격증만 따놓으면 의미가 없는 것과 마찬가지다.

정말 제대로 된 연애를 시작하고 싶다면 남자 쪽에서 접근하도록 만들어라. 그게 어렵다면 접근할 때까지 기다려라.

특히 판단하기가 어려울 때는 남자가 나에게 관심이 있는 것 같은데 뾰족한 말을 안 할 때다. 이럴 때 '저 남자는 나보다 직급이 낮아서 대시를 못하는 걸 거야', '저 남자는 나보다 수입이 적어서 대시를 못하는 걸 거야', '성격이 너무 소극적이라서 못하는 걸 거야', '오랫동안 친구로 지내서 쑥스러워 대시를 못하는 걸 거야', '들어 보니 요즘 집안에 어려운 일이 있다는데, 고민이 많아서 대시를 못하는 걸 거야', '전 여자친구랑 헤어진 지 얼마 안 되어서 대시를 못하는 걸 거야'라고 생각한 당신은 나름대로 자연스럽다고 생각하는 접근을 준비할 것이다.

'오늘 시사회에 당첨됐는데 같이 갈래?'라며 문자를 보내거나 '저번에 말한 레스토랑, 주말에 같이 갈래?'라고 전화로 말한다. 자연스럽게, 평소와 다름없이 말했다고 생각한 당신은 남자가 눈치를 못 챘을 거라고 믿겠지만 천만의 말씀이다.

물론 당신의 연락을 받은 남자는 특별한 일이 없는 한 만나러 나와줄 것이다. 남자들의 반응은 단순하기 때문이다.(같은 남자친구들 사이에서와 마찬가지인 반응이다.) '오늘 만날래?'라고 물으면 남자들은 바로 된다, 안 된다를 답할 줄 안다. 사람을 만나는 데 여자만큼 고민하지 않는다.

그런 남자들도 분명히 아는 것이 있다. 여자 쪽에서 먼저 연락하는 것은 여자가 자신에게 관심 있기 때문이라는 걸. 그게 아닌 다른 이유로 마지못해 접근했다고는 전혀 생각하지 않는다. 아니 그렇게 생각할 줄을 모른다. 당신은 눈치 채지 못하게 말했다고 생각하겠지만 이미 남자는 당신이 접근하고 있음을 알아챈다.

남자의 접근이 중요한 또 다른 이유가 있다. 비록 내가 관심이 있는 남자더라도 남자가 먼저 접근을 해올 때까지 기다려야 한다. 보통 남자라면 여자에게 접근할 때는 어떤 이유에서나 결심을 한 상태다. 하다못해 섹스가 목적이더라도 접근하겠다는 결심을 한 것이다. 스스로 생각하고 행동으로 옮긴 이상 자신의 목적을 달성할 때까지 최선을 다하는 게 남자다.

당신은 결심도 서지 않은 남자와 사귀고 싶은가? 정확히 당신에게 접근하지 않는 남자에게는 절대 아무것도 해서는 안 된다. 그저 상냥하게 웃어주는 것이 제일 좋은 태도다.

또 하나 조심해야 하는 것이 먼저 연락처를 가르쳐주는 일이다. 어쩌면 남자가 먼저 "제가 연락처를 물으면 곤란하실 테니 전화번호를 알려드릴게요. 언제든지 연락하세요"라고 말했을 수도 있다. 이 말과 행동은 아무렇지 않아 보이지만 중요한 문제가 있다. 당신에게 정말 관심이 있다면 당신의 연락처를 물어야 했다. 그런 남자에게 당신이 먼저 연락해서는 절대 안 된다. 이런 남자는 연락이 오면 받아줄 용의는 있지만 먼저 전화할 의지는 결코 없는 사람이다. 심지어 이 경우 유부남일 가능성도 배제할 수 없다.

또 하나의 함정은 "바쁘신 것 같으니 그쪽 시간 될 때로 하죠. 편한 시간에 연락주세요"라는 말이다. 이 말도 마찬가지다. 좀 더 구체적으로 정해야 한다. 이 말을 곧이곧대로 받아들여서 당신이 편한 시간에 연락할 필요가 없다. 정말 당신과 다시 만나고 싶다면 "저는 주말이 좋은데 언제가 괜찮으세요?" 혹은 "토요일 오후 여섯 시부터는 괜찮은가요?"라는 식으로 좀 더 구체적으로 물었어야 한다.

남자들이 기분 좋은 말로 연락을 해달라고 하는 것은 '네가 나한테 관심이 있으면 만나주겠다'는 것과 다르지 않다.

첫 데이트에서 결정되는 것은 아무것도 없다. 첫 데이트에선 굉장히 매너 좋고 호감이 있는 것처럼 행동하고 전화번호까지 물어놓고서 연락하지 않는 남자도 많다. 상대 남자가 나에게 정말로 관심이 있느냐 없느냐는 첫 데이트가 아니라 첫 데이트가 끝나고부터다.

첫 데이트가 끝나고 언제쯤 연락이 오느냐가 포인트가 될 수도 있다. 헤어지자마자 바로 전화나 문자가 오는 것이 바람직하다. 만 24시간이 지나도록 연락이 없다면 관심이 없다는 것이니 그 이상은 기다리지 말고 다른 사람을 만나자.

만약 첫 데이트 후 아무런 연락도 없다가 한 달 후, 혹은 반년 후 갑자기 연락을 해오는 남자들은 더욱 조심해야 한다. 처음 당신과 만났을 때 다른 여자와 사귀고 있다가 최근에 헤어져서 다시 연락했을 확률이 높다.

첫 데이트를 하면서 판단하지 말자. 첫 데이트는 일반적으로 대하고 그 후부터 판단하기를! 두 번째 데이트가 진정한 첫 데이트다.

왕자에게
먼저
다가가지 마라

망부석이
되지 마라

여자들의 기다림은 참으로 지고지순하다. 오죽하면 떠난 남자를 기다리다 돌이 되었을까. 신라시대 박제상의 아내가 망부석이 되었다는 설이 제일 유명한데, 이뿐 아니라 전국 각지에 망부석 전설 하나쯤은 전해오게 마련이다. 박제상의 아내는 이름도 남기지 못한 채 죽어갔다. 그 옛날부터 지금까지 얼마나 많은 여자들이 남자를 기다렸던 것일까?

오늘 이 시간에도 여자들은 전화를 기다리고 문자를 기다리고 약속 장소에서 기다린다. 실제로 남자를 만나는 시간보다 기다리는 시간이 더 길지도 모르겠다. 어쩌면 춘향전은 여자들의 기다림에 대한 보상심리에서 나온 얘기일지 모른다는 생각도 든다. 모질게 기다린 덕분에 암행어사의 부인이 될 수 있지 않았는가. 반대로 희한하게도 여자를 기다리다 다른 여자를 만나는 남자 이야기는 많아도 돌이 되는 남자 이야기는 없다.

세상은 바뀌었으니 이제 우리는 더 이상 망부석이 될 필요가 없다. 망부석이 되지 않으려면 어떻게 해야 할까?

기다림에 기한을 두는 연습을 해보자. 첫 데이트를 한 남자가 있다고 치자. 다음 주말까지 연락이 오지 않는다면 후보 리스트에서 제외한다. 전화와 문자로 자주 연락을 하는 남자가 있는데 2주 안에 만나자는 얘기가 없으면 또 후보 리스트에서 삭제한다. 회사에서 내게 관심이 있는 것 같은 남자가 있는데 접근을 안 해온다면 한 달만 기다려보고 그 후에도 움직임이 없다면 리스트에서 제외한다.

이런 기한을 둔 기다림이 꽤 유효할 때가 많다. 물론 기한을 둘 때 걱정되는 게 없는 것은 아니다. 하지만 더 이상 기다리지 않을 때, 그제야 그 사람이 올 수도 있다.

유효기간이 지난 후에 나타난 사람은 반길 이유가 없다. 왜 그동안 연락 못했는지의 이유가 부정적일 수밖에 없기 때문이다. 관심 있는 여자가 있었을 수도 있고, 설령 여자 문제가 아니더라도 앞으로 사귀는 데 있어서 큰 걸림돌이 될 확률이 높다.

이별 후에도 기다림에 유효기간을 정해두면 좋다. 어제까지만 해도 다정스럽게 전화하던 남자가 일주일째 전화 한 통도 없는 것이 도저히 믿기지 않아 오늘내일 하며 기다리는 일이 허다하다. 이별에 유효기간을 정해두자. 오늘까지 기다려보고 연락이 없으면 그동안의 문자를 지운다든가, 한 달을 기다려보고 연락이 없으면 소개팅에 나가 보자. 아무리 기다려봤자 남자는 안 오고, 돌이 되기밖에 더하겠는가?

소설 쓰고
앞서 나가지 마라

우리는 일단 남자를 소개받거나 처음 알게 되거나 관심을 갖게 되면 '소설 쓰기'를 시작한다.

아무것도 시작되지 않았는데 이미 결말까지 상상하고 있는 것이다. 예를 들면 소개팅을 하기로 한 남자의 프로필이 '30세, 대기업 근무, 고향은 충청도, 키 170'이라고 하자. 당신은 이미 소설을 쓰기 시작한다.

오늘 처음 만난 후 한 3개월 만나다가, 남자가 프러포즈를 해오면 결혼식은 보통 남자네 쪽에서 하니까 충청도 쪽에서 하게 될 테고, 그러면 우리 집에서 버스를 몇 대 대절해야겠네. 신혼여행은 요즘에 유행한다는 두바이가 어떨까 싶고, 신혼집은 남자 회사가 강남이니 강남 쪽이 좋겠고, 집들이는 양가 부모님들 한 번씩 하고 그 사람과 내 친구들을 한꺼번에 하면 되겠다. 1년 후에 아이를 낳고, 유치원은 아무래도 집 근처가 좋을 것 같고. (벌써 학군 걱정까지 하고 있다.)

'아, 그런데 키가 좀 맘에 걸리네'라고 깨달은 순간 이 모든 계획은 취소된다. '아니 그래도 성격은 모르는 거니까' 하고 다시 처음부터 상상 출발, 백년해로해서 인생이 끝나는 것까지 이르러서야 소설이 끝난다.

심지어 막상 남자를 만나서 자신의 소설과 같은지 아닌지 무의식적으로 확인하려고 한다.

"만약 하게 되면 결혼식은 남자 쪽에서 하는 거죠?"라는 질문을 한다든가, 남자가 "전 분당이 좋던데"라는 말을 하면 '그럼 분당에 살아야 하나?'라고 생각하며 강남에서 사는 것을 수정한다. '분당도 나쁘지 않지, 회사도 가깝고'라고 생각하는 것이다.

상상이야 자유지만 간혹 이 '소설 쓰기'가 트러블을 가져온다. 바로 여자가 앞서 나갈 때다. 남자는 약간의 관심으로 한번 만나자고 했는데 여자 쪽에서는 고백을 기대하고 있다면 여자는 '이 남자가 나한테 왜 고백을 안 할까?' 하며 또 고민한다. 남자가 사귀자고 고백했는데 여자는 이미 '1년 후 결혼'을 생각하고 있으면 자신도 모르는 사이 결혼에 대해서 푸시를 하는 것이다.

소설이 긍정적으로 쓰이는 건 그나마 낫다. 나쁜 쪽으로 앞서 나가는 건 더 큰 문제다. 남자가 '이번 주에는 일이 바쁘니까 다음 주에 만나자'라고 하면 여자는 '이 남자가 나랑 헤어지려고 하는 건가?' 혹은 '내가 먼저 헤어지자고 말해야 하지 않나?'라는 생각까지 한다. 남자와 만나지 않는 주말에 결국 불안한 마음을 가지고 남자의 집까지 찾아간다면 그건 정말 최악이다.

남자의 말이 아니라 행동을 보라는 말이 있다. 남자의 말만 가지고 판단하게 되면 이미 결혼해서 애 둘을 낳는 상황까지 상상에 빠질 수도 있다. 남자의 행동을 보라. 그리고 현재의 흐름을 냉정하게 보라. 남자가 아무리 냉정하게 대해도 혹은 아무리 친절하게 대하더라도 지금은 겨우 '한 번 만나서 밥 먹고 차 마신 사이'일 뿐이다. 이 상황에서 판단할 것은 아무것도 없다. 오로지 판단할 것이라고는 '두 번째 만남을 가질 것인가 말 것인가'뿐이다.

두 번 만났다면 세 번째 만남을 가질 것인가 말 것인가, 남자가 고백을 해왔다면 그 고백을 받아들이고 사귈 것인가 말 것인가 정도만 생각하면 된다.

소설 쓰고 앞서 나가면서 미리 마음 아파하지 말자. 냉정하게 상황을 파악하고 현재에 충실하다 보면 어느새 곁에 있는 진실한 사랑을 발견할 테니까.

왕자에게
먼저
다가가지 마라

애인과 애인 후보를
구별하라

우리는 흔히 친구냐 애인이냐를 두고 고민한다. 혹은 친구와 애인의 경계를 어디에 두느냐에 대해서도 마찬가지다. 간단히 스킨십이 있으면 애인이라고 할 수도 있겠지만, 스킨십이 진행되었는데도 불구하고 명확하지 않은 경우도 많다. 이제 애인과 친구 사이의 경우에는 '애인 후보'라는 단계를 두고 이해하자. 이제 우리가 할 일은 애인 후보를 많이 늘리는 일이다.

    이 얘기는 남자를 많이 만나보는 것과 연결된다. 한두 번 만나고 바로 애인이 된 것 같은 착각은 버리자. 단기간에 애인이 되겠다는 생각도 버려야 한다. 우리가 할 일은 애인 후보 단계에서 많은 관찰을 하고 또 가벼운 연애 감정을 즐기는 일이다.

게다가 이때는 아무렇지도 않게 여러 가지 질문도 할 수 있다. '어떤 타입의 여자가 좋은지?', '결혼을 생각하는 여자의 나이 기준은 무엇인지?', '결혼은 언제쯤 생각하고 있는지?' 등등. 이런 질문은 정작 애인관계가 되고 나면 상대방에게 부담을 주는 질문 같아서 꺼내기 힘들다. 그러므로 애인 후보일 때 물어봐두는 것이 좋다.

남자의 대답이 자신과 거리감이 있다면 당장 헤어지는 것이 아니라 단지 애인 후보에서 제외하고 친구로 지내는 것도 나쁘지 않다. 애인 후보 단계가 짧을수록 상대방에 대해 모르고 시작해서 자신의 기준에서 벗어나고 있는지도 모른 채 깊은 감정으로 치달을 위험이 있다.

물론 서로 가벼운 관계라면 문제없다. 다만 상대방은 자신을 친구나 애인 후보로밖에 생각하지 않는데 혼자서 애인으로 확정짓는 실수를 하지 말자는 얘기다. 진정한 선택은 애인 후보가 있을 때 가능하다.

최근에 마음이 흔들리는 사람이 한 명뿐이라면 잘못된 연애에 빠질 가능성이 크다. 주변에 아무도 없다는 생각 때문에 그 남자에게만 집중하기 때문이다. 여러 명의 애인 후보가 있다면 객관적으로 판단할 수 있는 여지가 많다. 애인 후보들의 장점이 각각 다르고 그 장점을 경험하면서 어떤 부분이 자신에게 잘 맞는지 알게 되기 때문이다. 그렇게 지내다 보면 자연스럽게 그중 한 명이 애인이 될 것이다.

단순히 어장 관리를 하라는 얘기가 아니다. 그냥 이 사람 저 사람 찔러보라는 게 아니라 친구에서 애인이 되기 전에 일정 정도 거리를 두고 지켜보는 단계를 가지라는 것이다. 단순히 관계가 아예 끊어지지 않도록 연락만 해두는 것과는 달리 이성관계가 되기 전에 인간관계에 충실한 시간을 보내자.

애인이 되는 과정은 지극히 자연스럽게 진행되기 때문에 여러분이 노력할 필요는 없다. 여러분이 노력해야 할 일은 애인 후보들을 만드는 일이다. 최대한 애인 후보의 단계를 즐겨라. 물론 상대방에게도 자신이 '후보의 하나'임을 잊지 말자.

왕자에게
먼저
다가가지 마라

모든 남자에게
사랑받겠단 생각을 버려

아주 흔한 에피소드 하나. 남자를 처음 만났는데 그다지 잘생긴 얼굴은 아니지만 깔끔해 보여서 혹은 남자다워보여서 혹은 신뢰감이 가서 호감이 갔다. 분위기 좋은 레스토랑에서 식사를 하는데 부드럽게 대화를 이끄는 것이 마음에 들었다. 그리고 나서 잠시 길을 걸으며 대화를 나누고 남자는 연락처를 다시 확인한 후 '다음에 연락드리겠습니다'라고 말한 후 헤어진다.

여자는 남자가 괜찮다는 생각에 마음이 설렌다. 집에 돌아오면서 휴대폰만 쳐다본다. 전화가 아니라면 문자라도 오기를 기다린다. 그러나 아무런 연락도 오지 않는다. (형식적인 문자만 올 때도 있다.)

여자는 이때부터 '왜 그 남자는 나한테 연락하지 않을까? 내가 한번 해볼까?' 고민을 시작한다. 친구에게 물어봐도 의견은 분분하다. 좀 더 기다려보자 생각하고 다른 남자를 만날 기회도 미룬다.

그 후의 일은 제대로 기억이 나지 않는다. 다만 분명한 것은 그 당시 왜 그 남자가 연락을 안 했는지 아직도 자신이 납득하지 못하고 있다는 것이다.

그리고 그 후에도 그와 비슷한 일은 꽤 일어난다. 연락처만 물어보고 연락 안 한 남자, 두 번 만나고 연락 없는 남자, 메일까지 보내놓고 연락 없는 남자. 아직도 당신은 그 이유를 모른다. 단지 인연이 아니었다고 생각하거나 '흥, 제까짓 게' 하며 씩씩거려도 그뿐이다.

바로 여기에 남녀의 차이가 있다. 여자는 남자를 볼 때 넓은 가능성을 두고 본다. 자기 스타일의 남자를 찾아서 연애하겠다고 결심하면서도, 평범한 남자가 적극적으로 접근해오면 그 남자를 좋아할 수도 있다는 가능성을 열어둔다. 아마도 넓게 잡아서 결혼 적령기 50퍼센트의 남자가 범위에 들 것이다.

이런 입장에서 '남자가 나를 마음에 안 들어 할 수 있다'고 생각하면서도 '내가 노력해서 다른 모습을 보여주면 좋아할 수도 있다'라는 가능성을 달아놓는다. 나를 마음에 안 들어 하는 것을 인정하기보다 나를 좋아할 가능성이 있다는 것을 훨씬 많이 생각한다. 그리고 그 가능성에 도전하려고 한다. 그게 '무한도전'인지도 모른 채.

'한 번 더 연락이 오면 확실하게 보여줄 수 있는데', '한 번 더 만나면 그가 날 좋아하게 될 거야'라고 생각하면서 좀처럼 기회가 주어지지 않는 것을 억울해한다. 이 모든 것이 가능성만 바라보고 생각한 탓이 아닐까? 여기서 가능성이란 여자가 남자의 50퍼센트에 가능성을 열어놓듯 자신도 세상 50퍼센트 남자들의 가능성에 포함될 것이란 기대다.

그러나 남자의 입장에선 아주 다르다. 남자들은 첫 만남에서 '내 타입, 아닌 타입'을 느끼고 구분해버린다. 이 부분은 이성적인 판단이 아니어서 다시 생각해봐도 소용이 없다. 그리고 자신의 타입이 아닌 여자는 다시 만날 생각을 하지 않는다.

남자는 자신의 취향을 찾아 또 다른 여자를 만난다. 자신의 타입이 아니라고 생각한 여자를 굳이 두 번이나 만나기 위해 연락하지 않는다. 이렇게 보면 남자가 여자를 마음에 들어 할 범위는 아주 작다. 크게 잡아도 10퍼센트 정도일 것이다. 그러므로 남자에게는 확실하게 마음에 들지 않는, 보통 정도의 여자에게 집중할 마음의 여유는 없다.

여기서 남자와 여자의 교집합은 10퍼센트 정도가 될 테니, 나를 마음에 들어 할 남자를 만나려면 최소한 열 명, 아니면 그 이상 만나야 한다는 계산이 나온다. 그런데 대부분의 여자들은 한두 명을 만나고는 상대 남자에게 잘 보이려는 생각을 한다. 당신이 이제나 저제나 그의 연락을 기다리는 동안 이미 그 남자는 다른 여자를 만날 것이 분명하다.

그래서 여자는 모든 남자의 마음에 들려고 노력할 필요가 없다. 남자가 나를 좋아하게 되는 것은 처음 내 존재를 인식할 때부터 시작된다. 존재 그 이상, 그 이하도 아니다. 내 존재를 인식한 후의 내 행동은 부차적인 것이지 존재 자체를 바꿀 수 있는 것이 아니다. 흔히 남자들이 말하는 '네 자체가 좋아', '너의 그대로가 좋아', '너의 전부가 좋아'는 이런 의미다. 나의 존재를 사랑한다는 뜻이다.

첫 만남에서 남자는 마음이 있든 없든 행동에는 큰 차이가 없을 수 있다. 그래서 식사하고 대화하고 헤어지는 가운데서 차별점을 찾는 것은 너무 어려운 일이다. 명심해야 할 것은 단 한 가지, 상대방이 나를 좋아할 확률은 반반이 아니라 1/10이라는 점이다.

모든 남자에게 사랑받는 게 무리라는 것은 이런 의미다. 그런데도 여자들은 1/10의 확률을 1/2로 생각하고 노력한다. 남자가 나를 싫어한다는 것을 인정하지 못하는 것은 자존심 문제가 아니라 남자의 속성을 모르기 때문이다. 남자가 나를 마음에 들어 하지 않는 것은 전혀 자존심이 상할 일도 아니고 자신의 문제로 연결지을 필요도 없다. 단지 여자와 남자의 생각 차이에서 오는 착각일 뿐이니까.

    남자를 만나는 것은 이렇게 어려운 확률에 대한 도전이다. 연락하지 않는 남자에 대해 고민하고 있다면 그 남자는 이제 잊어버리시길! 차라리 만나는 남자의 숫자를 좀 더 늘리는 것이 확률을 높이는 길이다.

레나의 체험기

나쁜 남자들과 짧은 연애만 반복하던 흑역사를 청산했다

가을 하늘이 무척 푸르고 너무나 아름답던 날이었다. 그렇게 아름다운 날……. 나는 죽고 싶었다. 내가 원하던 곳에 합격을 하고 모든 것이 잘 돌아가는 듯 보였지만 내 마음은 썩어갈 대로 썩어가고 있었다. 그리고 그해 겨울 또다시 나에겐 정말 아무것도 남아 있지 않았다. 남자도 나 자신도.

　매번 그랬다. 항상 같은 패턴, 같은 내용, 같은 결과. 무엇이 문제인지 알 수도 없었고 난 영원히 행복할 수 없는 사람처럼 느껴졌다. 다른 여자들은 좋은 남자 만나 결혼도 하고, 행복해 보이기만 하는데 왜 나만 나쁜 남자들을 만날까. 그 남자는 정말 다르다고 생각했는데 왜 매번 같을까.

　시간이 흘러 나는 또 다른 사람을 만났다. 만날 때는 느낌이 정말 좋았고, 그 남자도 나에게 호감을 보인 것 같았는데 연락이 안 왔다. 이상했다. 도대체 뭐가 문제일까. 정말 어이없지만 인터넷 검

색창에 '남자에게 연락 오는 법'을 검색했다. 그만큼 난 절박했었다.

그러다가 정말 우연찮게 알게 된 게 '인어공주는 왜 결혼하지 못했을까'라는 인터넷 카페였다. 아직 소규모의 카페였고 칼럼들을 하나하나 읽으며 난 망치로 머리를 크게 얻어맞은 기분이었다. 칼럼의 내용들은 이제껏 내가 해오던 연애와는 너무나 다른 것이었다. 어쩜 나는 칼럼에서 하지 말라는 행동만 고대로 하고 있었는지. 어쩜 나는 칼럼에서 꼭 해야 한다고 하는 것들은 하나도 한 적이 없는지. 한숨이 절로 나왔다.

하지만 당시에는 앞뒤 생각할 겨를이 없었다. 이런 식으로 남자 때문에 또다시 무너지기 시작하면 끝이 없을 거란 두려움이 더 컸다. 지푸라기라도 잡는 심정으로 정말 딴 생각 없이 무조건 100퍼센트, 단 하나의 예외 없이 그냥 칼럼에서 하라는 대로 했다. 가족과 친구들은 그런 나를 보고 이상한 인터넷 카페에 미쳐 이상하게 행동한다며 다들 비난을 했다.

난 결혼이 하고 싶었다. 날 사랑해주는 내가 사랑하는 남자와. 그렇게 할 수만 있다면 뭐가 됐든 내가 할 수 있는 건 다해야겠다고 생각하고 귀를 닫았다. 지금 생각해보면 이게 맞는 걸까 저게 맞는 걸까 고민하지 않고 정말 무식하게 하라는 대로만 했던 게 참 잘한 일 같다. 결혼활동을 할 시간을 고민으로 낭비하지 않았으니까. 여자에게 있어 나이와 시간은 정말 정말 중요하다는 걸 늦게 깨달았기에 단 하루도 한 시간도, 일 분도 너무 아까웠다.

물론 중간에 시행착오도 있었다. 도대체 '연락은 1/3만 받으라'는 게 정말 정확하게 두 번 거르고 한 번만 받아야 하는 건지, 그럼 그걸 일일이 다 기록해야 하는 것인지. 지금껏 그래왔던 것처럼 남자의 말 한마디, 작은 행동 하나를 두고 이런저런 추측을 하고, 분석하고 왜 그런 말을 했을까 왜 그런 행동을 했을까 고민했다. 디테일에 집착한 나머지 큰 숲을 보지 못한 것이다.
　그리고 기다린다는 게 너무너무 힘들었다. 하지만 기다리고 또 기다리고 인내하는 자가 행복한 연애를 할 수 있다는 걸 그때서야 아주 조금씩 알게 되었다. 내가 기다린 시간은 힘들고 고통스러워도 기다린 시간만큼 왜 기다리라고 했는지 깨달을 수 있었다.
　그렇게 칼럼에서 하라는 것을 하나씩 하나씩 실천해가며 지나온 시간은 나란 사람을 모두 다 싹 뒤집어서 새로운 나를 만드는 과정이었다. 고통 없이, 인내 없이 바뀌는 것은 없었다.
　그냥 칼럼에서 하라는 대로만 작게는 미소와 웃음으로 리액션하고, 말을 줄이고 먼저 연락 안 하고 연락도 1/3만 받았다. 그렇게만 했는데도 만남이 계속 이어졌다. 짧으면 3개월, 길면 6개월 시한부 연애 전문이 바로 나였는데 말이다.
　내가 먼저 연락하고 언제 전화가 올까 문자가 올까 전화기만 붙들고 있던 나였는데 어느 순간 나는 그 남자가 하는 연락을 받고 있었고 전화기가 울려도 잘 모르는 경지에 이르렀다.
　그뿐만이 아니다. 연애를 하면 남자에게 어떻게 하면 잘해줄 수 있고 그가 기뻐할까, 그에게 사랑받을 수 있을까, 과연 우리는 결혼할 수 있을까 항상 전전긍긍하던 내가 변했다. 내 시간이 더 생겼고 남자의 눈치를 보지도 않았고 이 연애는 또 얼마나 갈 것인가 그는 변하지 않을까 두려워하는 마음이 사라졌다. 죽고 싶다던 부정적인 나는 어느새 슬그머니 자취를 감췄고 그를 만나는 그 시간이 진심으로 행복하고 좋았다. 늘 나를 아껴주고 사랑해주는 그에게 고마웠고 고마움을 적극적으로 표현하니 그는 나에게 더 잘해줬다.

그렇게 두 달간의 관찰 기간이 지난 뒤 그는 나에게 고백을 했다. 멋있는 원테이블이 있는 레스토랑에서 꽃을 주며 앞으로 잘됐으면 좋겠다고. 그날 난 세상을 다 가진 것처럼 행복했다.

늘 사귀는 건지 마는 건지 알쏭달쏭한 상태에서 정기적으로 만나니까 사귀나 보다 하고 얼렁뚱땅 연애를 시작하고 이제 그만하자는 남자에게 전화하고 매달리다 끝이 나는 연애를 했던 내가 이런 멋있는 공간에서 정식으로 '난 널 좋아한다. 앞으로 잘 만나자'며 고백을 받다니. 정말 믿을 수 없는 일이었지만 동시에 난 그럴 자격이 있고 그럴 만한 가치가 있는 사람이라고 생각했다. 그리고 그렇게 생각하게 만들어준 그에게 너무나 고마웠다.

결론부터 이야기하자면, 1년여를 만난 뒤 우리는 결혼을 했다. 내가 '인공카'를 만나 처음으로 첫만남부터 칼럼대로 했던 그 남자와 함께 살고 있다.

사실 난 굉장히 운이 좋은 편이다. 카페의 다른 공주님들처럼

나 역시 중복 데이트를 하기도 했지만 비교적 빨리 만났던 거 같다. 그리고 중간에 위기와 헤어짐도 있었다. 그래서 더 시간이 걸릴 거고 더 노력해야겠다고 생각했는데 이렇게 빨리 결혼하게 될 줄은 몰랐다.

남자 때문에 좌절하며 죽고 싶어 했던 내가 지금은 남편과 가끔은 투닥거리기도 하며 나와 그를 반반씩 닮은 예쁜 아이와 알콩달콩 행복하게 살고 있다. 내가 바라던 대로, 내가 소박하게 꿈꾸던 대로 나를 사랑해주는 남자와 말은 좀 안 듣지만 귀여운 아이와 함께.

결혼을 하고 난 이후에도 연애를 할 때의 그 마음가짐을 잊지 않으려 노력한다. 결혼은 끝이 아니라 진짜 시작이기 때문이다. 연애할 때보다 결혼 후가 그리고 아이가 생기면 더더욱 이래서 나를 더 많이 사랑해주는 남자와 결혼해야 하는구나 새삼 느낀다. 그리고 감사하다. 인공카에 그리고 고통과 인내 끝에 멋지게 성장한 나에게.

그 남자는 연락은 왜!! 자주 안 하는 것인지, 내가 잘해주면 잘해줄수록 왜!! 그 남자는 날 더 멀리하는지, 도대체 매번 연애의 끝이 좋지 않은 이유는 뭔지 궁금하다면. 그리고 무엇보다 정말 행복하고 싶다면, 행복한 나를 찾고 싶다면 무식하게 그냥 아무 생각하지 말고 중간에 포기하지 말고 책에서 하라는 대로 다 해봤으면 좋겠다.

그러면 분명히 장담하건대 결국에는 행복한 연애와 결혼, 그리고 진짜 행복한 나를 찾을 수 있을 것이다.

퍼오나의
인어공주
연애론

STEP

3

바다에 빠져도 구해주지 말고 목소리도 팔지 마라

바다에 빠져도
구해주지 말고
목소리도 팔지 마라

밀고 당기기의
진짜 의미

　　　　　밀고 당기기. 이것처럼 대대로 내려오는 말이 또 있을까? 연애는 밀고 당기기만 잘하면 다 될 것처럼 쉽게들 말한다. 실패했을 경우에도 밀고 당기기를 못해서라고 합리화하기도 한다. 밀고 당기기는 정말 필요한 걸까? 대체 밀고 당기기의 정체는 무엇일까?

　　뜻도 제대로 모르는 말인데, 자신은 밀고 당기기에 소질이 없다고 미리부터 생각하는 사람도 있다. 나는 '밀고 당기기'가 '연애 테크닉'이 아니라 '연애에 대한 자세'라고 생각한다.

　　밀고 당기기의 출발은 남자가 접근할 때다. 그러니까 여자가 '예스'라거나 '노'를 말할 수 있는 시점이다. 그전까지는 진정한 밀고 당기기가 시작되었다고 볼 수 없다. 밀고 당기기를 남자에게는 무조건 튕기고 퉁명스럽게 대하라는 말로 착각하는 여자들도 많다. 하지만 내 생각은 다르다. 관심 있는 남자에게 상냥하고 따뜻한 여자로 보이는 편이 더 낫지 않겠는가?

게다가 남자가 아무런 액션을 취하지 않은 상태에서는 밀고 당기기가 일어날 건덕지도 없다. '당기기'를 하겠다고 먼저 여자 쪽에서 '만나자', '좋아한다' 같은, 언어로 확실히 정의할 수 있는 접근이나 고백은 피하자는 얘기다. 행동으로 아무리 티가 난다고 해도 결정적 접근이나 고백의 언어만 없다면 얼마든지, 언제든지 관계가 발전될 여지를 둬도 나쁠 것이 없다.

생각해보자. 남자가 한밤중에 불러내는데 그것을 거절하는 것은 너무나 당연하다. (밀고 당기기가 아니다. 한밤중에 불려나가는 여자는 되지 말자.) 대신 수요일쯤 연락해서 토요일에 만나자고 하는 것은 거절할 이유도 없다. (이것도 밀고 당기기가 절대 아니다. 당신의 스케줄을 배려해서 미리 연락해오는 사려 깊은 남자와 데이트하라.) 같이 영화를 봤는데 영화는 별로였지만 데이트를 망치지 않기 위해 웃는 얼굴로 재미있었다고 말하는 것은 훌륭한 배려다. (거짓말했다고 생각할 필요는 없다.)

자, 그렇다면 남자가 고백을 해올 땐 어떻게 대답하면 좋을까?

"전 ○○씨에게 관심 있는데 ○○씨는 어떻게 생각하세요?"

'예스'라고 대답하면 너무 당기는 것 같고 '노'라고 하면 너무 밀어버리는 것 같다고? 이런 때를 대비해 우리에겐 참 편리한 언어가 있다.

"모르겠는데요."

확실히 정의할 수 없는 경우 이처럼 편리한 대답도 없다. '오늘 영화 보러 갈까요?' 하는 정도의 질문에는 자신의 의견을 확실히 얘기해도 전혀 상관없다. 괜히 남자 눈치 보지 말고 당신이 보고 싶은 영화를 얘기해주자. 그러나 '○○씨는 절 어떻게 생각하세요?' 혹은 '○○씨는 결혼에 대해서 어떻게 생각하세요?' 등등 감정을 확인하는 말에는 '모르겠어요'로만 대답해도 괜찮다.

'모르겠다'라는 답을 했는데 남자가 멀어졌다면, 그 남자는 원래 당신에 대한 관심이 그 정도밖에 없던 사람이다. 여자의 긍정을 얻기 힘들다는 것을 아는 남자들은 그 대답만으로도 충분히 성과가 있다고 생각한다. 긍정의 대답이 50퍼센트가 아니라 70퍼센트 정도 들어 있다고 해석할 것이다. 게다가 아직 여자가 남자의 손에 잡힐 거리에 든 것은 아니라는 점을 효과적으로 보여줘서 남자의 관심도도 계속 유지된다.

밀고 당기기를 한다고 좋아하는 남자에게 퉁명스럽게 대할 필요도 없고 자신이 밀고 당기기를 못한다고 좌절할 필요도 없다. 이것은 연애의 테크닉이 아니라 연애에 대한 자세를 말하는 것이니까.

결정적인 접근, 고백, 프러포즈는 남자의 역할로 양보해두자. 그것마저 당신이 해버리면 남자의 역할은 없어질지 모른다. 당신은 그저 마음껏 그에게 상냥한 여자가 되어주면 된다. 밀고 당기기는 '그의 마음을 억지로 사로잡기 위한 테크닉'이 아니라 '그와 행복한 연애를 하기 위한 자세'라는 것을 잊지 말자.

바다에 빠져도
구해주지 말고
목소리도 팔지 마라

남녀의
'감정 고리'는 다르다

연애관계에 있어서 여자에겐 생기기 쉽고, 남자에게 생기기 어려운 것이 '감정 고리'다. 감정 고리는 어느 순간 자신도 모르게 한 사람만 생각하게 되고 온통 그 사람에게 신경이 집중되어서 다른 일을 하면서도 그 사람 생각을 좀처럼 떨쳐낼 수 없는 상황을 이르는 말이다.

아침에 일어나면 '그 사람 밥은 먹었을까', '출근은 제대로 했을까', '점심은 제대로 먹었을까', '회사가 끝나면 무엇을 할까', '왜 나한테 전화할 시간인데 전화를 하지 않을까' 등등 온 생각이 그를 중심으로 돌아간다.

사실 나도 그랬지만 많은 여성들이 감정 고리가 생겨버린 상태에서 연락에 대한 고민을 하는 경우가 많다. 그러나 남자들은 이 감정 고리가 쉽게 생기지 않는 것 같다. 하지만 막상 한 여자에 대한 감정 고리가 생기면 아주 튼튼하게 생긴다. 저 남자가 나에게 관심 있지 않을까 생각하는 단계에서 여자는 이미 감정 고리가 생겨버리는 반면 남자는 감정 고리가 아직 생기지 않은 단계일 수 있다.

남자에게는 대체 어느 순간에 감정 고리가 생길까? <u>남자의 감정 고리는 '손에 닿을 듯 말 듯한 거리'에서 생기기 시작해서 섹스를 했을 때 제대로 생긴다.</u> 물론 섹스 후에도 여자가 여전히 손에 닿을 듯 말 듯한 거리에 있어야 한다는 게 포인트다.

여자들은 이 감정 고리를 쉽게 끊지 못해 이별 후에 고생하는 일이 많다. 연락을 끊지 못하도록 만드는 게 이 감정 고리다.

감정 고리를 끊어내려면 그 남자와 연결되어 있는 것들을 약하게 만들어야 한다. 때문에 연락을 끊는 것이 남자와의 감정 고리를 끊는 데 도움이 된다. 그러다 보면 어느 순간에 감정 고리는 희미해지고 남자는 잊혀진다.

이 감정 고리는 한 번 생기게 되면 좀처럼 벗어나기 힘들기 때문에 차라리 처음부터 감정 고리를 약하게 해두는 것도 하나의 방법일 수 있다. 이를 위해선 초기 단계에 많은 남자를 만나는 행동이 중요하다. 신경이 분산되어 한 남자에게만 진한 감정 고리가 생기기 어렵기 때문이다. 물론 가장 좋은 것은 남자에게 감정 고리가 생겼을 때 여자에게도 감정 고리가 생기는 것이다.

여자들에겐 생기기는 쉬우면서도 끊어내기는 힘든 것이 감정 고리다. 한 번 생기면 끊어내기 어려운 감정 고리를 처음부터 잘 조절해야 한다.

바다에 빠져도
구해주지 말고
목소리도 맡지 마라

죽어도
먼저 고백하지 마

가끔 밥도 같이 먹고 영화도 같이 보는 남자가 있다. 친절하고 집안도 괜찮은 것 같고, 외모도 평범하고, 회사도 괜찮은 것 같은데, 요즘 장래 고민을 하는지 아니면 용기가 없는 건지 도통 사귀자는 말을 하지 않는다. 이런 때에 '내가 먼저 고백해볼까?' 하는 생각을 가진 여자들이 적지 않을 것이다.

대답은 절대 '노!'다. 단 1퍼센트의 의심도 없이, 100퍼센트 안 된다. 주변에 그런 고민을 하는 친구가 있다면, 도시락을 쌀 여력이 없다면 굶어가면서라도 쫓아다니면서 말려야 한다. 먼저 고백해서는 절대 행복한 만남을 이어갈 수 없다. 이는 나 자신과 주변, 심지어 연예인의 스캔들까지 주의 깊게 살펴본 결과

다. 여자가 먼저 접근하거나 고백한 경우는 결혼에 성공했다 하더라도 100퍼센트 비극적인 결말을 맞는다.

연애를 시작하기 전에 꼭 확인해야 할 것이 두 가지 있다. 누가 먼저 접근했느냐, 누가 먼저 고백했느냐다. 정확히 기억하는 사람도 있지만 의외로 그렇지 않은 사람들도 많다. 누가 먼저 접근했는지 물으면 '글쎄, 내가 먼저 밥 먹으러 가자고 했나? 아니다. 그 사람이 먼저 영화 보자고 했나? 기억이 안 나네' 대충 이렇게 대답하고 만다.

남자들은 관심이 있으면 처음에 같이 밥을 먹거나 술을 한 잔 하거나 영화를 보자고 말한다. 우선 만나본 후 더 이상 관심이 없다면 여자에게 연락하지 않는 것이 보통이다. 남자들은 관심 없는 여자에게는 결코 먼저 움직이지 않는다.

곰곰이 생각해보라. 한 번 정도는 만나서 단둘이 밥을 먹거나 술도 한잔 한 것 같은데 그 후엔 어찌 되었는지 기억이 잘 나지 않는 경우가 있을 것이다. 몇 번을 만나다 흐지부지되었는지도 잘 모른다.

이런 일들은 당신도 모르는 사이에 남자들이 관심을 가졌다가 식어서 떨어져나간 경우다. 즉 이성에게 관심을 갖고 접근하고 판단하고 멀어져가는 일은 남자의 몫이라는 걸 분명히 알아야 한다. 자의로 움직이지 않은 남자는 절대 언제까지고 나를 쫓아오지 않는다.

여자가 먼저 연락해서 첫 만남을 가진 후, 또 여자 쪽에서 먼저 연락을 한다고 치자. 남자는 특별히 거절할 이유가 없다면 또 만나러 나올지도 모른다. 그렇게 몇 번 만나는 동안 남자는 관심 있는 여자를 발견하고 자신에게 접근해오는 여자에게는 자연스럽게 소홀해질 것이다. 그러면 여자는 자신을 만나면서도 다른 여자를 만나는 '배신남'이라고 생각하고는, 처음엔 성실하게 보여서 좋아했는데 자신이 사람을 잘못 봤다고 생각할지도 모른다. 아니면 남자는 열 여자 마다하지 않는 바람둥이 속성을 가진 것이 틀림없다며, 모든 남자는 다 똑같다고 싸잡아 욕할지도 모르겠다.

그러나 이 사태의 원인은 관심이 없는 남자에게 먼저 접근한 여자에게 있다. 남자 입장에서는 자신이 정말 만나는 여자는 자신이 관심 있는 여자뿐이라고 생각할 확률이 높다. 자신에게 먼저 접근해온 여자는 지금 여자보다 덜 좋아하는 여자라서 그만 만나도 된다고 생각할 수도 있다.

<u>여자가 고백해도 괜찮을지 고민하게 하는 남자라면 그 남자는 여자에게 고백할 마음이 없거나 이미 사라진 것이다. 매일 연락을 하고, 생일 선물을 사줬고, 심지어 같이 잤다고 하더라도! 나와 사귈 마음은 없을 수도 있다는 걸 명심하라.</u>

그런 남자에게 고백을 한다면? 불 보듯 뻔한 결말이다. 남자는 당황할 것이며, 그냥 지금 상태가 편하다든가, 혹은 아직

마음의 준비가 안 됐다거나, 친구로 지내자는 등 최대한 당신이 상처받지 않을 단어를 골라 거절할 것이다. 그러나 이런 애매한 표현도 거절의 뜻이라는 것을 아는 당신은 마음의 상처를 받을 것이 분명하다. 마음의 상처가 인간을 성숙하게 한다는 말도 있지만, 굳이 안 받아도 될 상처까지 받으면서 괴로워할 필요는 없지 않은가? 실연의 상처로 주변 사람들에게 폐를 끼치고 정신과를 찾아가고 심지어는 자살까지 시도하는 여자도 있다. 대체 왜 이렇게 깊은 상처를 받아야 하는가.

여자가 먼저 접근하지 않고 먼저 고백하지 않았다면 절대로 깊은 상처는 받지 않는다. 지금까지 자신이 먼저 접근했던 경우와 남자가 접근했던 경우를 나누어서 생각해보라. 남자가 나에게 접근했던 경우는 헤어졌더라도 큰 상처는 남지 않았을 것이다.

먼저 접근하고 먼저 고백하는 남자와 사귀자. 당신은 행복한 연애를 하고 결혼에 도달할 것이며 평생 행복한 결혼생활을 할 수 있을 것이다. 당신의 깊은 애정과 열정을 남자에게 접근하거나 고백하는 데 쓰지 말자. 남자가 먼저 접근하기를, 고백하기를 기다리는 인내심에 써라.

무조건 먼저 접근하고 고백하는 것은 정열이나 사랑이 아니다. 상대방이 원하는 것을 하도록 해서 내게 오도록 기다려주는 것이 더 깊은 정열이며 애정일 수 있다.

바다에 빠져도
구해주지 말고
목소리도 말지 마라

남자의 말에
넘어가지 마

　　남자친구와 밤늦게 전화를 하다가 이런저런 얘기 끝에 남자친구가 말한다. "이렇게 전화하고 있으니깐 너무 보고 싶다."
　　당신은 아마 가슴이 뭉클해지면서 자신도 보고 싶다는 생각을 할 것이다.
　　"만나기엔 너무 늦었지?"라고 남자친구가 물어올 때, 혹시 당신은 이미 남자의 집 앞까지 갈 택시비를 계산하고 있거나 아니면 씻고 다시 화장할 준비를 해야 한다는 생각을 하지는 않는가? 당신이 이런 생각으로 주저하는 동안 남자친구는 또 말한다. "내가 내일 아침에 일찍 일어나야 하는데, 네가 오면……."
　　이 말에 당신은 보고 싶은 마음을 더 이상 주체할 수 없어 이렇게 말할지도 모른다. "내가 갈까?" 그리고 한 시간 후 당신은 한밤중에 남자친구와 만나고 있다.

자, 이 남자는 당신을 진정 사랑하는 걸까? 아니라고 대답했다면 그 이유는 무엇인가? 한밤중에 불러내서? 서로 보고 싶어서 만난 것 아닌가?

앞서도 말했듯 남자의 행동을 보라. 행동이 진실을 얘기한다. 그런데 많은 여자들이 남자들의 달콤한 말에 넘어간다. 대체 왜? 남자의 말은 여자를 움직이게 하기 위해서 나오기 때문이다.

위의 상황을 살펴보자. 남자가 진짜 여자를 사랑했다면 오라는 말을 하기 전에 본인이 달려왔어야 한다. 여자를 움직이게 하기 전에 자신이 행동했어야 한다는 말이다.

남자의 말은 상당히 달콤하다. 처음 만났음에도 불구하고 자기 타입이라는 둥, 예쁘다는 둥, 가슴이 설렌다는 둥 말을 아끼지 않는다. 사귀고 나서도 사랑한다는 말을 하루에도 몇 번씩 하기도 한다. 이 말의 원래 의도는 여자에게 어떤 행동을 일으키게 하려는 것이다. 어떤 행동일까? 자신을 만나러 나와주고 또 자신에게 스킨십을 해주고, 나아가서는 관계를 갖고 결혼할 마음도 들게 하려는 것이다.

자신도 함께 행동하면서 여자의 행동을 유발하는 건 괜찮다. 주의할 것은 자신은 행동하지 않고 말만 해서 여자를 움직이게 하는 남자들이다.

오늘부터는 남자들의 말과 행동을 구분해서 관찰하자. 좀 더 냉정하게 말하자면 말은 다 무시해도 좋다. (말에는 연락도 포함된다.) 예를 들어 일주일째 매일 아침저녁으로 '사랑해. 보고 싶어. 밥 먹었어? 잘 자' 이런 문자를 보내면서 한 달째 데이트를 미루고 있는 남자와, 문자나 연락은 만날 약속을 잡을 때만 간단히 하지만 일주일에 한 번은 꼬박꼬박 만나고 있는 남자가 있다고 치자. 이 경우 일주일에 한 번은 꼬박꼬박 만나는 남자 쪽이 더 진실하다고 볼 수 있다.

자신이 행동을 해서 만나는 여자는 굳이 말로 움직일 필요가 없기 때문에 상대적으로 말이 적어질 수 있다. 그러나 자신이 행동하기 싫고 귀찮아서 말로써 여자를 움직여야 한다면 좀 더 달콤하게 많은 말을 해야 할 것이다.

그에 해당하는 대표적인 두 가지 말이 있다. '가는 여자 잡지 않고 오는 여자 막지 않는다', '난 여자한테 먼저 접근 안 해. 난 여자가 적극적인 게 좋아'다. 여자가 초기에 관심이 있는 것 같을 때 이 말을 쓰는 남자들이 있다. 여자들은 이 말을 들으면 자신한테는 관심이 있는데 남자의 철학(?)이 저러니 자신한테 먼저 고백하지 않을 듯한 불안감을 느낀다. 그래서 기회를 봐서 자신이 고백해야겠다는 생각을 하게 된다.

그러나 사실 이 말의 숨은 뜻은 '너한테 먼저 접근할 정도까지는 아니고 네가 접근하면 받아주지!'다. 남자들은 비록 오는 여자는 막지 않을지 몰라도 가는 여자가 자기가 좋아하는 여자라면 잡는다. 내게 상담까지 하면서 좋아하는 여자를 잡는 남자들도 있었다. '네가 오는 여자가 된다면 막지 않겠어' 정도의 의미로만 받아들이자.

'난 여자한테 먼저 접근 안 해. 난 적극적인 여자가 좋아'라는 말도 마찬가지다. 눈앞에 마음에 쏙 드는 여자가 있는데 가만히 있는다고? 골키퍼가 있어도 공 넣자고 달려드는 게 남자다. 적극적인 여자? 물론 좋을 것이다. 자기가 편하니까. 무엇을 위해서 언제까지 좋아할지 그게 의문이지만.

그래서 남자의 진심을 판단하기에는 시간이 걸린다. 말만 보자면 1분이라도 되지만 행동을 보기에는 시간이 오래 걸린다. 이 남자가 날 정말 좋아하는지 의문이 들 때는 말은 잠시 잊어버리고 행동의 데이터를 뽑아보라. 지금까지 몇 번 날 만나러 왔으며, 고백은 정확히 했었는지, 내가 가고 싶어 하는 곳에 같이 가주었는지 등등.

이별 후에도 마찬가지다. 남자가 했던 말은 다 잊어버리고 오로지 행동만 떠올려보자. 나에게 사랑한다는 말을 수천 번 한 사람보다 날 만나러 먼 길을 달려왔던 사람만이 진짜로 날 사랑했던 사람이다. 남자를 믿지 말라는 말은 단순히 남자를 믿지 말라는 게 아니라 남자의 '말'을 믿지 말라는 뜻이다.

바다에 빠져도
구해주지 말고
목소리도 팔지 마라

남자가 있는 곳으로
만나러 가지 마

      남자들 사이에 우스갯소리로 '얼굴 못생긴 여자는 용서해도 집이 먼 여자는 용서할 수 없다'는 말이 있다. 데이트가 끝나면 여자를 집에 데려다주고 돌아와야 하는데 여자 집이 멀 경우 상당히 괴롭다는 뜻이다. 데이트가 끝나고 여자를 집에 데려다주는 일이 남자의 매너로 정착한 지 꽤 오래되었다.

      이때 반드시 조심해야 할 것 한 가지! 남자와 떨어진 동네에 살 경우, 혹은 직장이 많이 떨어져 있을 경우 여자가 남자를 만나러 가서는 안 된다는 것. 물론 사정이 있어서 여자가 갈 경우도 있을 것이다. 아무리 그래도 최소한 처음 세 번은 남자가 여자 쪽으로 오고 난 후에 가도록 하자.

남자는 "오늘은 내가 바쁜데 네가 와주면 안 될까?"라고 말할지도 모르겠다. 그러나 정말로 당신을 사랑하는 남자라면 "내가 거기 갈 때까지는 좀 시간이 걸릴 것 같은데 기다려줄래?"라고 말할 것이다. 시간이 걸려서 기다리게 할지라도 자신이 있는 쪽으로 만나러 오라고는 하지 않는다. 남자가 자신 쪽으로 만나러 오라고 요구하는 경우는 여자가 있는 쪽으로 만나러 가기조차 귀찮다는 의미다.

남자가 자기 쪽으로 와달라고 하는 경우, 어떻게 대답해야 좋을까? '바쁘면 다음에 만나'라고 솔직히 이야기하면 된다. 당신이 일부러 남자를 만나러 그곳까지 갈 필요가 없다.

"내가 거기 갈 때까지는 좀 시간이 걸릴 것 같은데 기다려줄래?"라고 물었을 때도 괜히 미안한 마음에 '그러면 내가 갈게'라고 해선 안 된다. 밝은 목소리로 "기다릴 테니깐 천천히 와도 돼"라고 말하고 즐거운 마음으로 남자친구를 기다리면 된다.

만약 남자의 집 근처에 사는 친한 친구가 있어서 만나러 가는 길일 수도 있고, 그 근처에 새로 생긴 레스토랑이 있어서 지나가다 들를 수도 있고, 남자친구 회사 근처의 백화점 상품권이 생겨서 쇼핑하러 갈 수도 있다. 어떤 우연한 상황이든 남자친구 근처에 가게 되더라도 일부러 남자를 만나러 갈 필요는 없다. 우연히 남자가 당신의 계획을 알고 만나러 와달라고 한다면 당신은 그 목적 외에는 시간이 없어서 그냥 와야 한다고 대답하라.

　당신은 누군가를 만나러 가면서 느끼는 설렘을 알고 있을 것이다. 그 즐거움을 남자에게서 빼앗지 말자. 당신을 향한 설렘을 마음껏 느끼도록 해줘야 한다. 그리고 당신은 좋아하는 남자가 당신을 만나러 오는 것을 기다리는 설렘을 느끼면 된다.

바다에 빠져도
구해주지 말고
목소리도 팔지 마라

더치페이
하지 마라 1

　　　　데이트 비용은 남자가 부담하는 것이라는 인식은 사실 오래전부터 있어왔다. 옛날, 우리 어머니 세대만 해도 여자는 돈을 벌지 않았고 결혼 전까지는 보통 집에서 생활했다. 그 경우 어떻게 데이트를 했을까? 아마도 그래서 남자가 여자를 데리러 집으로 마중오는 풍습이 생기지 않았을까 싶다. 집까지 찾아와서 부모님께 인사를 드린 후 데리고 나가서 데이트를 하고 다시 집까지 데려다주었을 것이다.

　　하지만 세상은 바뀌었다. 여자들도 일하게 되었고 독립적인 경제력도 가지게 되었다. 마음대로 돈도 쓸 수 있다. 데이트할 때 치사하게 밥을 얻어먹지 않아도 될 만큼의 능력은 대부분 가지고 있다. 사실 데이트 비용을 전부 남자에게 부담시키는 것이 미안하기도 하다. '요즘 세상에 남자만 돈 내란 법이 어디 있어?'라고 쉽게 말하기도 한다. 정말 요즘이라서 할 수 있는 말이다.

우리는 남자를 만날 때 얼마든지 당당하고 우아하게 말할 수 있다.

"반은 제가 낼게요."

"이번에는 제가 살게요."

"오늘은 제가 월급날이라서요."

"찻값이라도 내야죠."

그러면서 지난달에 구입한 멋진 핸드백에서 지갑을 꺼내 들고 계산대에서 돈을 지불한다. 남자는 고맙다는 인사를 할 것이고 왠지 모를 뿌듯한 기분도 느낄 수 있다.

그러고 나서는? 그 후의 상황은 별로 진전이 없어 보인다. 여자는 남자에게 너무 부담이 되는 것 같아서 알아서 먼저 반 정도는 부담하겠다고 했는데 이상하게도 남자는 별로 고마워하는 것 같지도 않고 애정이 깊어진 것 같지도 않고, 그렇다고 기념일에 선물을 잘 챙겨주는 것 같지도 않다. 꼭 무엇을 받고자 돈을 낸 것은 아니지만 괜히 기분만 찜찜해진다. 그래도 여전히 미안한 당신, 남자를 만날 때마다 반 정도는 자신이 내야 한다고, 혹은 한 끼 정도는 살 수 있다고 생각한다.

지금껏 이래 왔다면 앞으로는 남자, 특히 애인 후보를 만날 때는 더치페이가 좋다는 생각은 접어두자. 저녁을 얻어먹게 되면 미안한 마음을 갖기보다는 기뻐하며 고맙다고 진심 어린 인사를 하면 된다. 당신은 그렇게 하는 것만으로도 충분하다.

이 말은 요즘 유행하는 된장녀처럼 비싼 저녁과 비싼 명품을 선물로 받아내라는 말이 절대 아니다. 남자는 처음 데이트를 할 때부터 두 사람분의 예산을 준비한다. 실제로도 많은 남자들이 그렇게 한다. 이것은 남자의 책임감에서 온 의식이라 할 수 있다. 가정을 꾸리고 가정을 이끌어가는 가장으로서의 의식과 자신의 부인쯤은 먹여 살릴 수 있어야 한다는 책임감 말이다.

당신이 돈을 보태면 고급 레스토랑에 갈 수 있을지라도 차라리 남자의 돈으로 칼국수를 함께 먹어라. 당신이 돈을 더 내서 조금 더 좋은 곳에 가려 하고, 조금 더 많은 것을 하려는 생각을 버려라. 이것은 남자에게 당신이 능력이 없으니 내가 돈을 보태서 좋은 것을 해야 한다는, 자칫하면 남자의 자존심에 상처를 주는 일이 될 수도 있다.

남자가 밥을 사주거나 영화를 보여주거나 놀이동산을 데려가주면 당신은 남자와 있는 시간을 충분히 즐기면 된다. 그것만으로도 남자를 기쁘게 해줄 수 있다. 당신이 기뻐하는 모습을 보면 남자도 기쁘다. 남자는 자신의 노력으로 당신을 기쁘게 했다는 성취감도 맛보게 된다.

이것은 세상 사람들이 중요하다고 얘기하는 '경제력'에 대한 얘기가 아니라 그 남자가 당신을 어떤 상대로 보고 있느냐의 문제다.

남자가 당신을 중요한 상대로 보지 않는다면 그까짓 한 끼 얻어먹는 것쯤은 대수롭지 않게 생각할 것이고, 심하게는 별 관심 없는 애가 만나달라고 해서 나왔는데 돈까지 내주니 만나는 것일지 모른다. 그러다 남자한테 밥을 사줘가며 만나는 꼴이 벌어질지도 모른다.

당장 남녀 사이에서 꼭 더치페이를 해야 한다는 사고방식을 버려라. 혹시 남자가 비용을 핑계로 만나지 않으려 한다면 처음부터 당신에게 관심이 없었던 남자다. 세상에는 남자에게 마음과 몸과 돈을 주고 배신당했다고 괴로워하는 여자들이 너무나도 많다. 남자 이상으로 돈을 쓰지 않았다면 헤어져도 마음에 큰 상처는 받지 않는다. 신기한 일이지만 남자에게 돈을 쓰면 쓸수록 그만큼 외로워진다는 말을 상기하자.

바다에 빠져도
구해주지 말고
목소리도 팔지 마라

더치페이
하지 마라 2

 흔히 '돈은 남자가 쓰는 거야. 여자가 돈을 왜 써?'라는 말을 한다. 왜 여자가 돈을 쓰면 안 되는지 아직도 궁금한 당신을 위해 좀 더 다른 측면에서 살펴보겠다.
 여자들이 이별 후 보통 '그 남자는 나한테 사랑한다고 했고, 보고 싶다고 했고, 같이 여행도 가자고 했고, 부모님도 만나자고 했고, (심지어!) 결혼도 하자고 했는데 연락도 없이 사라졌어요. 도대체 이유를 모르겠어요'라는 말을 한다. 또 다른 사람은 '경제적으로 부담 주기 싫어서 식사도 웬만하면 반은 내려 했고, 생일에 가방도 사주고, 부모님 생신이라고 해서 갈비세트도 들려 보냈어. 그런데 어떻게 나한테 헤어지자고 할 수 있지?'라고 분통을 터트리기도 한다. 그들이 궁금해하는 헤어진 이유는 본인의 말 속에 다 들어 있다.

첫 번째 경우를 잘 보면 남자는 여자에게 아무것도 해주지 않았다. 해준 것은 단순히 듣기 좋은 말뿐이었다. 두 번째 경우는 여자가 남자에게 금전적으로 너무 많이 퍼줬다.

거꾸로 남자들은 이별한 후 뭐라고 할까? '매일 그녀를 만나러 가고, 집에도 꼬박꼬박 데려다주고, 생일에는 비싼 목걸이도 사주고, 부모님 선물로 갈비세트도 들려 보냈는데 차였어요'라고 하지, 여자들처럼 '그 여자가 날 사랑한다고 하더니 어느 날 갑자기 헤어지자고 하더라고요'라고 말하는 경우는 별로 없다.

왜 이런 차이가 생길까? 돈이 애정의 전부는 아니지만 어쨌든 돈이 걸려 있기 때문이다. 우리는 돈이 남아도는 사람들이 아니라서 돈은 중요한 곳에 쓰려는 경향이 있다. 어쩌면 자본주의적 본능에 가까운 것이라고 할 수 있다. 특히 남자에게는 일이 중요하듯 그 일에서 나오는 돈도 중요하다. 그 돈을 어떤 여자에게 쓰는지도 당연히 중요한 문제다.

남자들이 왜 한 번 만나고 마음에 안 들면 다시 만나려고 하지 않는 걸까? 싫어하는 사람과 만나고 싶지 않은 것도 물론이지만 그 밑바닥에는 별로인 여자에게 돈 쓰기 싫다는 생각이 있는 것이다. 마음에 안 들지만 어쨌든 다시 만나면, 아무리 여자가 낸다고 해도 최소한 밥값 정도는 내야 하기 때문이다. 마음에 안 드는데도 자기 돈을 들여가면서 여자를 만날 남자는 없다. 남자의 돈이 들어간 곳에 애정이 있다고 해도 과언이 아닌 이유다.

다른 예를 들어보자. '그 남자, 나한테 생일 선물로 다이아몬드 목걸이 사줬는데 헤어지자고 하네. 이유를 모르겠어'라고 말하는 여자는 없다. 혹시라도 다이아몬드 목걸이를 받고 헤어진다면 섭섭할 이유가 없는 헤어짐이기 때문이기도 하고, 그게 아니라면 남자가 마음에 안 들어서 자신이 차버린 것일 테니 고민하거나 마음 아파할 이유가 없는 것이다.

사실 다이아몬드 목걸이까지 선물한 남자가 여자에게 헤어지자고 할 이유는 없다. 마음뿐 아니라 마음을 담은 돈까지 주었으니까. 어떻게든 그 여자와 평생 살겠다고 결심하지 않은 이상 그 정도를 선물할 결혼 적령기의 남자는 대한민국에 많아야 100명이나 될까 말까. 우리가 100명 중 한 명이라도 만날 확률도 어마어마하게 낮겠지만.

여자도 마찬가지다. 자신이 소중하게 생각하고 또 사랑을 얻고 싶은 남자에게 돈을 쓴다. 그러나 남자보다 많이 쓰거나 남자가 한 푼도 쓰지 않는다면 '돈 없이도 만날 수 있는 편한 여자'로 시작은 하겠지만 시간이 흐를수록 애착은 엷어져갈 것이다.

남자에게서 사랑을 받고 그 사랑을 유지하기 위해서는 남자가 나에게 돈을 쓰게 해야 한다. 물론 억지로 명품 가방, 비싼 액세서리를 요구할 필요는 없다. 내가 요구해서 사주는 게 아니라 자발적으로 남자가 나에게 돈을 쓰게 해야 한다.

앞에서 남자의 행동 데이터를 뽑았던 것처럼 이 남자가 나에게 돈을 얼마나 썼는지 데이터를 뽑아보라. 나도 마찬가지지만 많은 사람들이 가장 소중하게 생각하고 사랑하는 것에 돈을 쓴다. 나의 돈의 흐름, 상대방의 돈의 흐름도 애정을 판단하는 좋은 근거가 될 수 있다.

바다에 빠져도
구해주지 말고
목소리도 필지 마라

결혼의
'결' 자도 꺼내지 마라

얼마 전 영화를 보고 나와서 식당에 들어갔다가 옆자리에서 마침 같은 영화를 보고 밥을 먹는 커플을 봤다. 일부러 들으려고 했던 것은 아니지만 자리가 가까워서 그들의 대화가 들려왔다. 둘은 신나게 영화에 대해 이야기하는 중이었다. 존댓말을 쓰는 걸 보니 만난 지 얼마 안 된 사이라는 걸 짐작할 수 있었다.

영화 얘기를 하다가 갑자기 여자가 '내 친구 누구가 이번에 결혼했는데요. 매일매일 MT 가는 기분이래요'라며 화제를 돌렸다. 그러자 남자는 아까와는 달리 조금 어색한 표정으로 마지못해 대화가 끊기는 것을 두려워하며 '왜요?'라고 물었다. 그리고 대화가 조금 이어졌으나 남자는 영화 얘기를 하던 때와 반응이 달랐다.

나는 왜 갑자기 여자가 결혼 얘기를 꺼내서 분위기를 가라앉게 만들었을까 생각하며, 대화의 흐름상으로 봐도 좀 어색하다는 생각이 들었다. 왜 이런 일들이 일어나는 걸까? 아무것도 아닌 대화의 주제에 너무 민감하게 반응했다며 남자를 탓할 텐가?

여자들에게 결혼이란 단어는 하루에 한 번 이상, 많을 때는 백 번도 넘게 입에 오르내리는 말이다. 어렸을 때부터 접한 공주 이야기의 결말은 '그들은 결혼해서 영원히 행복하게 살았습니다'였고, 그림책에는 다정하게 웃고 있는 왕자님과 공주님의 성대한 결혼식 장면이 그려져 있다.

여자들끼리의 수다에는 옆집 누가 결혼한 이야기, 사촌 누가 결혼한 이야기, 심지어 엄마 친구의 친구의 딸이 결혼한 이야기, 직장 동료가 결혼한 이야기, 직장 동료의 사촌이 결혼한 이야기 등등 온통 결혼 이야기가 화제로 오른다. 그런 환경에서 자란 여자들에게는 대화 도중에 결혼을 화제로 꺼내는 것이 전혀 어색한 일이 아니다.

그러나 남자들은 어떨까? 남자들의 대화에 결혼이 화제로 등장하는 일은 정말 드물다. 특히 남의 결혼 이야기가 화제가 되는 일은 좀처럼 없다. 여자들의 결혼만큼 화제가 되는 주제가 있다면 아마 '섹스'가 아닐까. 섹스 얘기로 밤을 새울 순 있어도 결혼이란 주제로는 1분도 얘기하기 어려워하는 것이 남자들이다.

　남자들에게 결혼은 본인의 결혼일 때 비로소 화제가 된다. 물론 그때도 결혼식이나 생활보다는 섹스에 대한 얘기가 주를 이룰 것이라고 생각되지만, 그래서 여자들이 무심결에 결혼을 화제로 꺼내면 남자들은 쉽게 '이 여자가 나랑 결혼할 생각이 있는 건가?'라는 의문을 갖는다. 나아가서는 '나와 결혼하고 싶어 하는 여자'로 생각할지도 모른다.

　만약 이런 얘길 듣는다면 당신은 단순히 화제로 꺼냈을 뿐이라고 변명할지 모른다. 그러나 이미 남자들이 가져버린 어색한 느낌은 되돌릴 수가 없다. 거꾸로 남자가 결혼을 화제로 꺼낼 때는 정말 당신과 결혼을 생각하고 있음을 암시한다고 봐도 과언이 아니다. 물론 섹스라는 목적 달성을 위해 결혼 얘기를 꺼내는 비열한 남자들도 있겠지만, 진지하게 만나던 남자의 입에서 결혼 이야기가 나온다면, 그건 단순히 결혼에 대해서 수다를 떨자는 게 아니라 당신과 결혼하겠다는 뜻이다.

　남자에게서 먼저 결혼에 대한 얘기를 듣기 전까지는 절대로 먼저 결혼을 화제로 꺼내지 마라. 언니, 동생의 결혼은 물론 친구의 결혼에 대해서도 이야기하지 마라. 다른 친구들처럼 남자친구와 함께 결혼식에 참석하고 싶은 욕심이 들 수도 있다. 그러나 그것은 결혼이 확정된 후에 해도 늦지 않다. 혼자 가도 되는 결혼식 때문에 남자친구에게 먼저 결혼 얘기를 꺼낼 필요가 없다.

　얼마 전 여자친구와 헤어진 남자 부하에게 '왜 헤어졌느냐'고 물었더니, '결혼 얘기가 나와서요'라는 대답이 돌아왔다. 결혼 얘기가 나와서 헤어지다니? 이해가 안 된 내가 되묻자 그 부하가 말하길 '자신은 1년 동안 여자를 사귀면서 평생 함께할 여자인지 아닌지 판단하고, 평생 함께 살 여자가 아니다 싶으면 계속 사귀고 있더라도 결혼 얘기는 꺼내지 않는다'고 했다. 분명 납득이 가는 소리다.

　그러나 여자는 어떤가? 1년이나 사귀었으니 당연히 결혼하는 것으로 생각해버리는 여자들이 많다. 그러니 여자 쪽에서 먼저 결혼 얘기를 꺼냈을 것이고 결혼 생각이 없는 부하는 헤어지는 것으로 마무리를 지었던 것이다.

　이 말을 들으며 나도 깨달은 바가 컸다. 남자가 먼저 결혼 얘기를 하지 않는 것은 명확하게 나랑 결혼하고 싶은 의지가 없는 것이라는 점을 분명히 확인한 셈이다. 그런 남자에게 내가 먼저 결혼 얘기를 꺼내봤자 돌아오는 대답이 긍정적일 리가 없다. 오히려 사귄 지 1년 정도 되었는데도 결혼 얘기가 없거나 당신이 꺼낸 결혼 얘기에 이렇다 할 반응이 없다면 차라리 헤어지는 게 속 편한 길이다.

바다에 빠져도
구해주지 말고
목소리도 맡지 말라

남자의 일에
질투하지 마라

'일이 중요해? 내가 중요해?'

이 질문만큼 남자를 곤란하게 하는 것도 없다. 사실 내가 보기에도 일이 더 중요하다. 하지만 남자는 그런 말을 했다가는 여자친구의 화를 돋울 뿐이라는 걸 알기 때문에 '너도 중요하고 일도 중요하다'고 대답하는 게 보통이다. 이 말도 맞다.

남자에게 일은 곧 생명이다. 곰곰이 생각해보라. 남자는 결혼은 안 해도 직업은 있어야 한다. 뚜렷한 직업이 아니라도 어떻게든 먹고살 만한 능력이 있어야 한다. 심지어는 그 일로 가족을 먹여 살려야 할지도 모른다. 일은 중요함을 떠나서 생명과 같은 것이다.

동물의 왕국처럼 인간사를 단순화시킨다면, 냉혹하고 슬

프지만, 남자는 한 가족을 먹여 살리기 위해 수단과 방법을 가리지 않고 돈을 벌어 와야 하는 존재다. 그런 남자에게 일이 당신보다 중요하냐고 묻는 것 자체가 의미 없는 일이다.

섭섭한가? 전혀 섭섭해할 이유가 없다. 그렇게 생명처럼 여기는 일을 해서 그가 먹여 살리고 싶은 사람은 결국 당신 아닌가? 그래서 여자친구와 즐거운 한때를 보내다가도 다 잊고 일에 집중할 수 있고, 여자친구와의 약속을 미루면서까지 일할 수 있는 것이다. 남자들은 그런 존재다. 오히려 일을 소홀히 하는 남자야말로 당신이 열두 번도 더 생각해봐야 한다. 여자를, 가정을 책임질 자세가 안 된 남자일지도 모른다.

여자들이 가끔 남자의 일을 우습게 생각할 때가 있다. 같은 대학을 나와서 같은 회사에 들어가서 같은 일을 할 경우, 동등한 위치라고 생각할 수도 있다. 동등한 위치인 것은 맞지만 입장은 다르다. 일에 임하는 자세나 마인드는 솔직히 보통 여자들과는 다를 수밖에 없다. 여자를 비하하려는 뜻은 결코 아니다. 남자의 특성을 말하는 것이다.

여자들이 억울하게 생각하는 게 자신은 일도 잘하는데 남자에게 승진이 밀리거나 평가절하된다는 사실이다. 그러나 남자들에게 일은 목숨만큼 중요하기 때문에 즐겁지 않은 술자리도 따라가고 상사와 함께 교회도 나가고 골프도 치면서 더 친밀한 관계를 유지한다. 여자들 눈에는 그게 일도 안 하고 상사 비위나 맞추는 것처럼 보이겠지만.

합리적이라면 일의 성과만 보고 결정되어야겠지만 세상은 이성적이거나 논리적이거나 합리적이기보다는 인간의 본능을 기본으로 움직인다. 우리는 살아나가기 위해 먹어야 하고 그래서 일을 하는 것이다. 이 부분에 있어서만큼은 남자들이 더 절실하다. 그 절실함이 일뿐만 아니라 친밀관계를 유지하기 위한 노력까지 하게 만드는 것이다.

'일도 너도 중요하다'는 대답이 왜 진실이 되는지 살펴보자. 남자에게 애인이 생긴다는 것은 애인이 세상의 전부가 되는 것이 아니라 애인이라는 생활의 카테고리가 추가되는 것이다. 일을 할 때는 일이 우선이고 데이트할 때는 데이트가 우선이다. 취미생활을 할 때는 또 취미가 우선이다. 그러므로 어떤 것이 가장 중요하냐는 물음은 남자를 곤란하게 한다.

남자에게 자신을 일이나 취미, 혹은 남자의 친구들과 비교해가면서 그쪽에 쓸 시간이 있으면 나에게 써달라고 강요하지 말자. 남자에게서 삶의 즐거움 하나를 빼앗는 것과 같은 일이다. 만약 남자들이 여자처럼 사랑이 전부라서 사랑에만 매달려 일을 하지 않거나 일을 하면서도 집중하지 않는다면 여자를 책임질 수 없고 아이를 낳아서 제대로 키울 수도 없을 것이다.

남자가 일로 바쁘거나 취미생활에 심취해 있을 때 애정이 식었다고 몰아붙이지 말자. 오히려 그런 남자의 특성이 자신을 더 든든하게 지켜줄 수 있는 장점이라고 생각하자.

또 한 가지 팁! 남자가 일로 힘들 때만큼은 상냥하게 위로해주는 게 좋다. 단순히 일에 대한 불평을 받아주라는 얘기가 아니다. 일에 대해서 위기의식을 느꼈을 경우, 예를 들면 승진 누락이나 정리해고 등의 상황에서는 열심히 도와줘도 된다. 단, 당신이 그를 이해하고 도와줘야 할 경우는 '일'에 관련된 것뿐이다. 다른 여자로 힘들어 한다거나 가정 문제 등 회사 일 외의 문제에 대해서는 도와주지 않아도 된다.

오늘부터라도 남자에게 '내가 중요해? 일이 중요해?'라는 질문은 하지 말자. 남자에게 이런 질문을 하는 여자가 얼마나 생각 없고 자기중심적으로 보일지 명심하라. 이런 점을 악용해 일을 핑계로 대는 남자가 세상에 많은 것도 사실이지만.

바다에 빠져도
구해주지 말고
목소리도 팔지 마라

잔소리로 남자의
변화를 기대하지 마라

여자들의 잔소리는 얼마나 애정이 넘치고 배려심이 깊은가. 남자들의 막돼먹은 말투도 고쳐주고, 촌스러운 패션 센스도 업그레이드해주고, 사람을 대하는 커뮤니케이션 능력도 향상시킨다. 여자들은 내 잔소리가 그나마 저만큼 사람을 만들어놨다며 뿌듯해한다. 과연? 그 모든 것이 정말 잔소리 효과일까?

 잔소리를 하는 것은 성격이나 습관과 상당히 상관관계가 높다. 게다가 잔소리 효과에는 함정이 있다. 이것은 남자에 대한 것뿐만 아니라 자식 교육 등 다른 것과도 연관이 있다. 바로 상대가 알아서 할 일, 아닐 일에도 무조건 잔소리부터 시작하고 본다는 것이다. 잔소리 때문에 잘한 일과 잘못한 일이 구분되는 불상사가 벌어진다.

예를 들어 남편과 아들에게 똑같이 얘기한다고 치자.

"양말을 벗어서 세탁기에 넣어라."

남편은 세탁기에 넣었고 아들은 넣지 않았다면 남편은 말을 잘 들은 것이고 아들은 말을 안 들은 것이다. 즉, 아들은 잔소리를 해도 소용없는 사람이 돼버린다.

여기서 잔소리를 배제하고 다시 생각해보자. 남편은 원래 양말을 세탁기에 잘 넣고 아들은 그렇지 않을 수도 있다. 이런 사실을 알기 전에 이미 잔소리를 해버렸으므로 남편과 아들은 두 사람 다 수동적인 사람이 되어버린 데다가 말을 잘 듣는 사람과 안 듣는 사람으로 나뉘었다. 이게 바로 잔소리의 함정이다.

잔소리를 하는 입장에서는 잔소리를 해서 변화시킬 수 있는 사람과 잔소리도 안 듣는 사람이 생긴다. 말을 안 듣는 사람에게는 더욱 잔소리를 하게 되고, 결국 '말을 지지리도 안 듣는 사람'으로 인식하고 주변 사람들에게까지 '말을 안 듣는 사람'이라고 퍼뜨린다. 이 얼마나 자기중심적이고 이기적인 인간관계를 만드는 짓인가! 자신의 뜻대로 옳고 그름의 기준을 설정해놓고 그대로 들으면 좋은 사람, 아니면 안 좋은 사람이라고 못을 박는 것이다.

잔소리를 하기 전에 사람을 있는 그대로 보자. '양말을 세탁기에 넣지 않는 남자'라도 장을 볼 때는 꼬박꼬박 함께 가줄 수도 있다. '양말을 세탁기에 넣은 남자'라도 치약을 중간부터 짤지 모른다. 사람들에게는 자신과 맞는 점, 안 맞는 점이 있게 마련이다. 우선 있는 그대로 받아들인 후에 잔소리를 하더라도 늦지 않다.

또한 남자는 변하기 힘들다. 아니 인간 자체가 변하기 힘들다. 특히 남자들은 여자보다 남을 생각하고 배려하는 마음도 부족하고 자신을 먼저 생각하는 성향이 강해서 정말 자신이 깨닫기 전에는 쉽게 변하지 않는다.

물론 잔소리도 여자들의 특권이고 나름대로의 스트레스 해소법일 수 있다. 가끔은 잔소리를 할 수도 있다고 생각한다. 그럴 때는 스트레스 해소 정도로 가볍게 생각하고 남자를 바꾸려는 기대를 버리고 얘기하는 것이 좋다. 단지 잔소리하는 것 자체를 들어주고 당신의 표정을 살피는 남자의 모습만으로도 충분하지 않은가.

바다에 빠져도
구해주지 말고
목소리도 팔지 마라

선물, 센스 있게
주고받아라

연인으로 지내면 기념일이나 생일 등 챙겨야 할 일이 많아진다. 그럴 때는 어떤 선물을 줘야 할지 고민이 생긴다. 너무 싼 것을 하자니 마음을 전하기 힘들 것 같고 비싼 것을 하자니 부담이 된다.

남자에게 줄 선물로는 당신의 애정을 전할 수 있는 적당한 가격의 무난한 물건이 좋다. 목도리, 책, 취미용품, 스웨터 등. 굳이 값나가는 선물을 하지 않아도 괜찮다. 오히려 값비싼 선물은 남자에게 '당신을 결혼 상대로 생각해요'라는 부담감을 줄지도 모른다. 남자는 돈에 대한 부담이 아니라 관계의 부담을 느낄 테니까.

남자의 선물로 남자의 마음을 알 수 있는 방법은 없을까?

남자의 선물은 로맨틱한 것이어야 한다. 액세서리, 향수, 화장품, 옷, 꽃 등등. 선물에 익숙하지 않은 남자들은 자신이 갖고 싶은 것을 선물하는 경우가 많다. 평소에 본인이 좋아하는 고가의 노트북을 선물할지도 모르겠다. 100만 원이 넘는 노트북과 1만 원짜리 귀걸이라면 귀걸이를 선물하는 쪽이 당신에게 애정이 있는 것이다.

선물은 받는 사람을 기쁘게 하기 위한 것이다. 보통 선물에 관심 없는 남자들이 (남자들끼리는 선물도 잘 주고받지 않는다.) 선물을 하려고 남의 입장이 되어보는 일은 오로지 사랑하는 여인을 위할 때만 가능한 것이다.

선물을 받았을 때는 기쁘고 감사해 하는 표현을 해야 한다. 때로는 선물을 열어보고 불평하는 여자들도 있다. 자기 취향이 아니니 앞으로 이런 건 선물하지 말라고 하거나 아니면 다른 것으로 바꿔오라고 하거나 아니면 본인이 직접 들고 가서 바꾸려고 할 수도 있다.

그러나 그렇게 하면 당신은 영영 선물을 받을 수 없게 될지도 모른다. 여자들이라면 앞으로 선물을 할 때 그런 말을 참고 하겠지만, 선물을 주고받는 상황에 익숙하지 않은 남자들은 자신이 애정으로 선택한 선물이 부정당하면 다시는 선물을 주고 싶지 않을 정도로 의욕을 상실할 수 있다. 아무리 겉으로는 괜찮다, 마음에 안 들면 가서 바꿔도 된다고 말할지라도!

자기 취향이 아닌 물건이라 하더라도 하루쯤 입어보고 써보고 걸쳐보면 의외로 잘 어울린다는 것을 발견할 수도 있다. 당신을 사랑하는 남자가 당신을 바라보는 시각에서 고른 것이라면, 평소 자신이 생각했던 것보다 훨씬 잘 어울리는 것을 골랐을 수도 있다. 사랑하는 남자의 취향에 맞춘 액세서리와 옷차림을 한 번쯤 해보는 것도 괜찮은 경험 아닌가?

첫 섹스는
언제가 좋을까

여자에게 섹스처럼 고민되는 것이 또 있을까? 우리는 줄곧 결혼 전까지는 섹스를 해서는 안 된다고 교육받아왔다. 그럼에도 불구하고 드라마나 영화에서는 연인끼리 섹스했음을 암시하는 표현이 자주 나온다. 대놓고 섹스를 즐기는 여자친구들이 신나서 떠들어대는 것을 보면 나만 구닥다리 생각을 가진 게 아닌가 싶기도 할 것이다. 물론 서로 사랑한다면 섹스를 해도 된다고 생각하면서도 대체 '언제'가 그 시점인지 알 수가 없다.

남자들은 감언이설로 사랑하면 섹스를 할 수 있다고 하고, 결혼할 사이니까 섹스를 하자고 하고, 평생 책임질 테니 섹스하자고 한다. '오빠가 손만 잡고 잘게'라고 해서 믿었는데 '당했다'

라는 건 우스갯소리인 줄만 알았는데 실제로 그런 경우도 흔하고, 어쩌면 지금 당신이 그 경험자일 수도 있다.

더 두려운 것은 섹스 후에 그의 마음이 변할지도 모른다는 일이다. 실제로 섹스 전까지는 엄청 잘해주다가 섹스 후에 마음이 바뀐 남자를 경험한 여자도 적지 않다. 아니면 스스로가 섹스 후에 남자에게 더 집착하게 되어 그런 경험이 싫을 수도 있다. 그런데도 남자는 자기를 사랑하지 않아서 섹스를 하지 않는 거냐고 협박 아닌 협박을 하기도 한다.

여기서 짚고 넘어갈 게 있다. <u>섹스는 지켜야 할 것이 아니라 내가 가진 여성 최고의 '무기'라는 사실이다. '지키느냐, 마느냐'를 고민할 것이 아니라 이 '무기'를 언제 쓸 것인지를 생각해야 한다.</u> 이렇게 생각을 바꾸면 섹스는 남자로부터 자기 자신을 지켜주는 훌륭한 방패가 된다.

우선 일반적인 경우에 대해서 관계적 추론을 해보자. 여자는 섹스보다는 결혼에 관심이 많고, 남자는 결혼보다는 섹스에 관심이 많다. 상대적으로 남자는 여자에 대한 무기로 '결혼'을 가진 셈이다. 그래서 아무 때나 결혼을 꺼내놓지도 않고 휘두르지도 않는다. 정말 중요한 순간에 결혼을 꺼내들어 담판을 짓는다. 그것이 프러포즈다.

여자에겐 '섹스'가 무기다. 정말 중요한 순간에 섹스를 무기로 쓰지 않으면 무기로써 제값을 발휘하지 못한다. 그러나 결혼을 얻기 위해 미리부터 섹스라는 무기를 써버려서는 안 된다. 남자가 섹스를 얻기 위해 결혼을 내놓았을 때 써야 한다. 어쩌면 이런 원리로 결혼 후에 섹스를 해야 한다는 논리가 생겼을지도 모르겠다.

어쨌든 시대는 바뀌었고 섹스에 대한 가치관도 어느 정도 바뀌었다. 그러면 정말로 결혼한 후에 섹스를 해야 하는 걸까?

물론 섹스도 개인의 자유다. 하룻밤을 즐긴들 결혼해서 한들 누가 뭐라고 할 것은 아니다. 포인트는 남자가 원하는 것은 섹스이고, 여자가 원하는 것은 결혼이라는 점이다. 섹스는 처음 만나서부터 가능하다. 남자는 결혼을 내놓지 않아도 쉽게 섹스를 얻을 수 있다. 그러나 여자는 다르다. 처음부터 결혼을 얻어낼 수는 없다. 그러므로 남자가 원하는 것, 여자가 원하는 것이 서로 일치하려면 시간이 필요하다.

남자는 여자가 '결혼-심리적 안정'을 추가한다는 것을 알고 그것을 향해서 가는 작업을 한다. 물론 시간이 걸리는 작업이다. 남자에게는 자신이 결혼을 제공해야만 원하는 때에 섹스가 가능하다는 것을 아는 공부도 필요하다. 그런데 당신이 그런 학습의 시간 없이 남자에게 덥석 섹스부터 줘버리면 당신에게 소홀해지는 것은 어쩌면 당연지사다.

당신은 억지로 섹스할 필요가 없다. 남자는 당신의 마음을 얻고 당신의 불안함을 떨쳐주기 위해 노력할 것이고, 정말로 거절당하지 않을 것이라 확신할 때에 섹스를 시도할 것이다. 여자에게 섹스는 미루어도 나쁘지 않다. 어찌 보면 미룰수록 값진 '무기'가 될지도 모른다.

스스로 기준을 만들고 그대로 실천하면 된다. 최소 세 번 이상 만나면 할 수 있다든가, 만난 지 적어도 6개월이 지나면 생각해보겠다든가, 결혼 후에 하겠다는 자신만의 기준을 세워라. *자신의 기준에 대해서 당당해져라. 남이 세워놓은 기준에 휘둘릴 필요도 없다. 다만, 최소한 첫날 섹스하는 것만은 피하도록 하자.* 그래서 잘될 일도 없지만 만일 잘된다고 해도 행복한 결론에 도달하기는 힘들다. 이 관계는 시간과 만남을 거쳐 이루어진 관계보다 힘든 일이 생겼을 경우 깨지기가 쉽다.

섹스는 쾌락이 아니라 서로의 관계를 더욱 견고히 하는 애정의 확인 단계가 되어야 한다. 남자들은 여자들보다 강한 성적 충동 때문에 초기 단계에서는 스스로도 사랑인지 욕정인지 모를 수 있다.

남자가 섹스를 추구한다고 하지만 남자에게도 진정한 사랑은 있다. 남자도 진정 사랑하는 여자와 섹스를 했을 경우 단순히 욕구 충족을 했다는 기분이 아니라 그 사랑이 견고해지는 것을 느끼게 된다. 여자가 마지못해 불안한 기분으로 남자를 받아들이는 게 아니라 정말로 남자를 믿고 자신을 받아들인다고 느낄 때 남자도 진정한 사랑을 느끼는 것이다.

바다에 빠져도
구해주지 말고
목소리도 팔지 마라

섹스, 무리한 요구를
들어주지 말 것!

　　　　　이제 여자들이 섹스에 대해서 얘기한 다는 것은 전혀 부끄러운 일이 아니다. 요즘은 오히려 경험을 자랑하는 분위기가 조성된 듯 보일 정도다. 더구나 결혼 후에 성관계를 갖는다는 것도 옛말이고, 애인이 생기면 함께 섹스를 하는 것은 자연스러운 일이 되었다. 어떤 사람들은 드디어 여자들이 성에 눈을 뜨게 되었다고 예찬하기도 한다.
　　그러나 과연 여자들이 정말 성적인 충동이 강해져서 섹스를 바라고 있는 걸까? 이 부분에 대해서는 개인차가 있으므로 확실히 어떻다고 말하기 어려운 부분이 있지만, 남자들과 비교하자면 성적 충동이란 것은 꽤 미미하다고 보는 게 맞을 것 같다.

남자들은 생물학적으로 삽입을 하고 배설을 하는 입장이다. 여자의 입장에서는 무엇인가가 들어오고 무엇인가를 남기는 일이다. 여기에서 오는 심리적·신체적 차이가 분명히 있다.

섹스에 대해서 여자는 일차적으로 경계심을 갖는다. 낯선 물건이 자기 안으로 들어오는 것에 대해 아무렇지도 않은 사람은 없다. 남자들이 섹스에 대해 경계심을 갖는다는 얘기는 아직 들어보지 못했다. 그래서 남자들은 여자들에게 상냥하고 친절하고 편안하게 대해주고 섹스에 대한 경계심을 풀어서 목적을 이루려고 노력한다. 말 그대로 '들이대고 수고'라고 할 수 있다.

요즘 여자들에게는 섹스에 대한 개방적인 시각이 아직 혼란스럽기만 하다. 섹스를 하는 것조차도 불안한데 혹시 자기가 잘못하고 있지 않은지, 섹스에 대해서 애인이 만족하는 건지 감을 잡을 수가 없다. 그래서 섹스 후에 '좋았다'라는 말을 듣지 않으면 불안하고 어쩌다가 '가슴이 작다'라는 얘기라도 들으면 가슴을 키워야 하나 고민도 한다.

나는 성의학자도 아니고, 섹스에 대해 이것저것 상세히 말하는 것은 어렵지만, 한 가지 명확하게 말하고 싶은 건 자신에게 무리가 된다고 생각하는 요구는 과감히 거절해도 된다는 것이다.

남자들에 따라서는 여러 가지 요구가 있을 수 있다. '속옷 입은 사진을 보내달라'거나 심지어는 누드 사진까지 보고 싶다고 조른다. 사진이 없다고 하면 요즘 문명의 이기까지 활용해서 휴대폰이나 디카로 찍어달라고까지 한다. 이럴 때 당신이 하기 싫다면 바로 '노'를 외쳐라. 남자가 화를 낼까 봐 혹은 실망할까 봐 억지로 카메라를 꺼내들 필요가 없다. 절대로.

남자들 중에는 처음 섹스를 할 때는 조심스럽다가도 조금 지나면 여러 가지 요구를 해오는 경우도 있다. '야한 속옷을 입어달라', '체위를 바꿔달라' 등등. 이럴 때도 당신이 거북함을 느낀다면 바로 '노'를 해도 괜찮다. 여자들의 성은 민감하기 때문에 억지로 행한 섹스에 대해서는 아무리 좋아하는 사람과 했다 하더라도 상처가 되기 때문이다.

남자의 요구를 거부했는데 그 남자가 다시 연락을 해오지 않는다면 그 남자는 당신과의 섹스가 목적이었다고 할 수 있다. 남자들에게 섹스는 여자들과 비교할 수 없는 큰 본능이라서 (심지어 단어의 의미조차 다르지 않을까?) 섹스만을 위해 여자를 만날 수도 있다. 여자들도 섹스만을 위해 남자를 만날 수도 있다. 그러나 당신이 원하는 것이 단순히 섹스가 아니라 진지한 관계일 경우, 남자도 진지한 관계를 생각한다면 당신이 상처받는 행동은 조심해줄 것이다. 섹스에 시간이 걸리더라도 기다려줄 것이다.

'가슴이 정말 예쁘다', '피부가 정말 곱다', '네 생각만 하면 밤에 잠을 못 잔다' 등등 아무리 당신 몸을 칭찬하고 앓는 소리를 해도, 당신이 싫다면 과감하게 '노'라고 말하라. 무리한 요구를 들어주고 당신이 상처받으면서까지 해도 되는 일이란 아무것도 없다.

바다에 빠져도
구해주지 말고
목소리도 말지 마라

헌신하면
헌신짝이 되는 이유

'헌신했더니 헌신짝 취급을 받았다'는 말이 있다. 고시 공부하는 남자를 뒷바라지했더니 고시 붙고 나서 차였다든가, 군대 간 동안 기다려줬더니 군화를 거꾸로 신었다든가 하는. 한데 이상하게도 남자가 헌신했는데 여자한테 차였다는 얘기는 그만큼 들어본 적이 없다. 더구나 '몸도 마음도 돈도 줬는데 차였다'는 말은 남자에게 통용되는 말이 아니다. 이런 걸 보면 여자는 남자의 헌신에 대해서 고마워하지만 남자는 여자의 헌신에 대해 그리 고마워하거나 애정으로 갚아야 할 대상은 아니라고 생각하는 것 같다.

왜일까? 남을 위한다는 것, 남을 기쁘게 한다는 것, 즉 남자를 기쁘게 한다는 것에 대해서 우리는 다시 한 번 생각해볼 필요가 있다. 남자가 돈이 없다고 하면 대신 내주고, 옷도 사주고, 공부하라고 학원비도 대주고, 나를 안고 싶어 하면 몸도 주고, 하루 종일 그 남자만을 생각하며 언제 밥을 먹고 무슨 반찬을 먹는지, 잠은 언제 자는지, 하루 종일 그에게 신경이 가 있다. 과연 이런 배려가 정말 남자를 기쁘게 해줄까? 이렇게까지 했는데 남자는 왜 내가 싫어진 것일까? 왜 바람을 피울까? 여자는 '내가 자기한테 어떻게 했는데' 싶어 억울하기만 하다.

여기서 남자의 입장이 되어 생각해보자. 돈이 없어서 아르바이트를 할까 했는데 여자가 걱정 말라며 돈을 내주겠다고 한다. 그때 남자의 입장은 '와, 정말 이 여자가 날 사랑하나 봐. 행복해'일까, 아니면 '남자가 여자한테 돈을 받다니, 쪽팔리네'일까? 당신은 남자를 배려한다면서 남자의 자존심을 상하게 한 것일 수도 있다.

여자를 안고 싶다고 하니 알아서 옷을 벗어주었다. 남자는 '정말 이 여자는 날 사랑하는구나. 옷도 알아서 벗고'라고 생각할까, 아니면 '이 여자도 나랑 섹스하고 싶어 하는구나'라고 생각할까? 당신은 남자에게 몸을 바쳤다고 생각하겠지만 남자는 당신이 좋아서 했다고 생각할지 모른다.

당신은 또 남자가 하루하루 지내면서 불편한 것은 없는지 수시로 전화를 한다. "아침 먹었어? 뭐 먹었어?" 그러면 남자는 '이 여자가 배려심이 많아서 이런 것까지 챙겨주니 난 행복한 놈이야'라고 생각할까, 아니면 '바쁜 아침에 왜 전화를 할까? 시간이 많은가 보다'라고 생각할까?

계속 이런 상황이 진행되다 보면 당신이 남자를 위해서 한 행동이 결국에는 당신을 남자의 자존심을 상하게 하고 귀찮게 하고 같이 섹스를 즐긴 정도의 여자로 전락시킬 수 있다. 그런 여자를 차버리는 것이 이상한가?

오히려 남자가 여자를 위해서 돈을 벌고 그 돈을 여자를 위해 썼다면 여자의 기쁜 얼굴을 보며 자존심도 세우고 만족감도 얻었을 것이다. 그 만족감은 세상 누구도 아닌 당신만이 그 남자에게 줄 수 있는 행복이다. 여자에게 더 좋은 것을 해주면 더 기뻐하리라 생각하며 더 열심히 일하는 것이 남자로서 행복감을 느끼는 일이라는 걸 아직도 모르겠는가? 그렇기 때문에 작은 일일지라도 남자에게 무거운 것을 들어달라고 하거나 어려운 일을 해달라고 하면 기뻐한다는 말이 있는 것이다. 그런 사소한 것에서 자존심을 세우고 여자를 도와줬다는 것에 행복해하는 것이 남자다.

왜 자신이 기뻐하는 방식을 남자에게 똑같이 적용하려 하는가? 진정으로 남자가 기뻐하는 일이 무엇인지 남자 쪽에서 생각해보아야 한다. 내가 헌신하는 것이 남자를 기쁘게 하는 게 아니라 남자가 나에게 헌신하게 하는 것이 남자에게 보람을 주고 자존심을 세워주고 더 행복하게 하는 행동이라는 것을 잊지 말아야 한다.

여자가 월급을 아껴서 남자에게 노트북을 사줬다고 하자. 과연 남자가 행복할까? 그 순간은 남자가 기뻐했을지 모르지만 그것은 물건이 생겨서 기분 좋은 것이지 여자의 헌신에 감동한 게 아니다. 과연 여자도 그런 남자를 보며 행복해할까? 두 사람 다 불행으로 가는 길이 될 수도 있다. 반대로 남자가 월급을 아껴서 여자에게 다이아몬드 반지를 사줬다. 여자는 기뻐했을 것이고 그 남자의 애정에 감동했을 것이며 남자는 그런 여자의 얼굴을 보며 행복했을 것이다.

여자는 물건 너머 남자의 마음까지 헤아리지만 남자는 눈앞의 물건만 볼 뿐 그 속에 담긴 여자의 마음까지 읽어내는 데는 서투르다. 우리는 우리가 잘하는 것을 하면 된다. 주는 것이 아니라 받으면서 주는 상대를 기쁘고 행복하게 해주는 법. 아직 제대로 깨닫지 못한 우리가 많이많이 배워야 할 부분이다.

바다에 빠져도
구해주지 말고
목소리도 팔지 마라

장거리 연애에
성공하는 법

오늘도 얼마나 많은 연인들이 육지와 바다와 하늘을 가로질러 날아가고 싶을까? 교통과 통신이 발달하지 않았던 시대에는 장거리 연애도 존재할 수 없었을 것이다. 내가 초등학교에 다니던 시절만 해도 전학을 가는 것은 바로 이별을 뜻했다. 그러나 거리는 더 이상 헤어지는 이유가 되지 않는다. 물리적인 거리보다 정신적인 거리가 더 멀어졌다면 모를까. 그런데 과연 물리적인 거리를 극복할 수 있긴 한 걸까?

장거리 연애는 크게 두 가지로 나눌 수 있다. 처음부터 장거리로 시작한 경우와 사귀는 도중에 멀어진 커플. 장거리 연애의 결론은 누군가가 상대방의 어느 한쪽으로 이동하지 않고서는 해소되지 않는다. 이 경우 여자가 취할 태도는 앞서 말한 것과 크게 다르지 않다.

장거리 연애를 하면 당연히 연락하는 것이 더 중요하게 느껴지고 여자는 더 집착할 수도 있다. 멀리 떨어져 있으니 통화 시간을 좀 더 늘리는 건 좋지만 그렇다고 한두 시간씩 통화하는 것은 좋지 않다. 물론 이왕이면 오는 전화만 받고 되도록이면 짧게 통화하는 방법을 고수해도 문제가 되지 않는다. 요즘 세상엔 마음껏 내용을 써서 바로 보낼 수 있는 이메일도 있고 메신저도 있다. 장시간 전화에만 매달려 있는 것은 오히려 역효과를 부를 수 있다.

처음부터 장거리로 시작했을 경우 첫 만남은 남자가 여자 쪽으로 오는 것이 좋다. 좀 더 욕심을 부리자면 최소한 처음 세 번은 남자가 만나러 오는 것이 좋다. 남자가 찾아오는 것을 미안해할 필요는 없다. 남자는 좋아하는 여자가 있으면 지구 끝까지 찾아가는 것도 이상하게 생각하지 않는다. 남자는 좋아하는 여자를 얻기 위해 친한 친구들과의 술자리도 마다하고 가방을 싸고 기차를 타거나 버스를 탈 것이다. 물론 비행기를 탈 수도 있다. 어쨌든 그것은 남자가 할 일이다.

남자가 당신을 찾아왔을 경우 친절하게 길을 안내할 필요도 없다. 평소 데이트를 하듯이 식당에서 밥을 먹고 차를 마시고 헤어지면 된다. 남자의 잠자리나 돌아가는 버스나 기차 시간

등도 걱정하지 마라. 그런 모든 스케줄 관리는 남자의 몫이다.

그러나 여전히 위험은 숨어 있다. 먼 곳에서 왔으니 남자는 하루를 어디에선가 묵어야 한다. 그것을 빌미로 당신에게 밤을 같이 보내 달라고 요구할 수 있다. 남자가 처음 찾아온 상태라면 안 된다고 해도 된다. 당신을 찾아온 것이 미안해서 혹은 남자가 괜찮아서 하룻밤을 같이 보내줄 필요는 없다.

당신 쪽에서 일부러 남자가 있는 곳으로 가야 한다는 강박관념을 가질 필요도 없다. 남자가 있는 곳으로 학교를 옮긴다거나 직장을 옮기는 일을 서두를 이유도 없다. 남자 쪽에서 결심이 선다면 어느 쪽에서 함께 사는 것이 좋은지 의논해올 것이며 그때 결정해도 늦지 않다.

장거리 연애를 한다고 너무 걱정하거나 서두르지 않아도 된다. 보통 연애하는 마음가짐이면 된다. 그러면 자연스럽게 함께하기 위해 어떤 방법을 택해야 할지 보일 것이다.

바다에 빠져도
구해주지 말고
목소리도 믿지 마라

남자의 마음이
궁금하다면 행동을 봐라

여자들이 흔히 하는 오해가 있다. '남자는 여자를 잘 모른다'는 것. 물론 틀린 말은 아니다. 그러나 '여자가 남자를 모르는 것'과 '남자가 여자를 모르는 것'을 비교한다면 당연히 여자가 남자를 더 모른다. 이유는 간단하다. 남자는 태어나자마자 엄마의 손에서 자란다. 여자의 손에서 자라는 것이다. 유치원과 초등학교 전부 여선생님을 만날 확률도 높다. 동등한 관계로서는 아니지만 남자는 여자가 남자를 접하는 것보다 훨씬 더 많이 여자를 접해왔고 또 여자의 밑에 놓이는 상황에 있었다. 이 밑에 놓이는 입장이 포인트다. 여자가 무엇을 좋아하고 무엇을 신경 쓰는지를 생존 본능처럼 자연스럽게 접하는 것이다.

그런데 왜 남자가 여자를 모른다는 말이 그렇게 자주 쓰이고 진실처럼 떠도는 것일까? 아무래도 이 말이 남자에게 이래저래 도움이 되기 때문이 아닐까 싶다. 남자가 무슨 실수를 하든 또 여자를 섭섭하게 하든 '그 남자는 여자를 잘 몰라'라는 말이면 얼마든지 용서가 된다. 거꾸로 '그 여자는 남자를 몰라'라는 말은 보통 남자 경험이 없다는 뜻으로 쓰인다. 그러니까 여자가 남자를 모르는 경우는 별로 문제가 되지 않는다는 소리다.

또 하나 여자들이 놓치고 있는 게 있다. '그 남자는 착해'라는 생각이다. 이는 남자의 친절과 호감을 구별하라는 말과도 통한다. 남자들은 여자가 '착한 남자'를 좋아한다는 것을 아주 잘 알고 있다. 친절이 여자를 사로잡을 수 있는 무기라는 것도!

남자의 친절에 이런 계산이 있다는 것에 새삼 열받지 말자. 우리가 남자들은 예쁜 여자를 좋아한다는 것을 아는 것과 비슷한 기초상식 정도이니까. 어쨌든 남자는 관심이 있든 없든 모든 여자에게는 기본적으로 친절하다. 여자들이 어떤 남자를 만나든 예쁘게 보이려고 하는 것과 일맥상통한달까.

본론으로 돌아가서, 나를 소중하게 생각하는 남자라면 어떤 행동을 보일지 행동 연구에 돌입하자.

첫째, 나에 대해서 신체적·정신적으로 부정적인 말을 하지 않는다.

예를 들어 '넌 몸매는 예쁘지만 얼굴은 별로야'라는 말을 보자. 칭찬 같기도 하지만 위험한 발언이다. 아무리 해석하기 나름이라지만 이런 말을 듣고 좋아해서는 안 된다. 당신을 소중하게 생각하는 남자라면 당신이 어떻든 '몸매도 예쁘고 얼굴도 예뻐'라고 해야 한다. 남자가 완전히 자기 취향의 여자, 소중히 하고 싶은 여자를 골랐다면 당신의 그 어떤 단점도 장점으로 보일 것이기 때문이다.

둘째, 부모님에게 소개하는 데 별 저항감을 느끼지 않는다.

이 문제는 본인의 경우를 생각해보면 더 잘 알 것이다. 진지한 관계인 남자라면 부모님에게 소개하는 것에 별 거리낌이 없을 것이다. 남자도 마찬가지다. 진지하게 생각하는 여자에 대해서는 꼭 결혼을 약속하지 않더라도 부모님에게 소개하는 것을 애써 피하지 않는다. 주변의 남자를 두고 한번 생각해보라. 부모님에게 남자를 소개시켜준다고 했을 때 내키는 사람, 내키지 않는 사람으로 나뉠 것이다. 남자의 입장에서도 마찬가지다. 꼭 결혼 약속을 하지 않더라도 부모님에게 소개시킨다면 당신을 진지하게 생각한다는 뜻이다.

셋째, 당신에게 미래를 이야기한다.

단지 결혼 후의 미래뿐만 아니라 다음 주, 다음 달, 내년 등을 포함한 미래다. 당신과 함께 이러저러한 것을 하고 싶다는 미래의 얘기를 하는지가 포인트다. 당신을 가볍게 생각하는 남자라면 웬만해서는 미래 얘기를 하지 않는다. 미래 얘기를 하더라도 당신이 그 안에 있지는 않을 것이다. 예를 들어 '난 3년 후에는 이집트를 여행하고 싶어'라고 말했다면 그건 단지 그 남자의 미래일 뿐이다. '3년 후에 우리 이집트 여행을 하자'라는 말이 당신과 미래를 함께 하고 싶다는 뜻이다. 미래의 얘기를 많이 한다면 그가 당신을 소중히 여기고 있다는 증거다.

넷째, 생일을 꼭 챙긴다. 작은 선물일지라도.

모든 기념일을 잊지 않고 꼭 챙겨주는 정도는 아니더라도 1년에 한 번 있는 당신의 생일을 챙겨주는 것은 정말 중요한 일이다. 남자가 '생일에 뭐 해줄까?'라고 물었을 때 당신이 괜찮다고 했다고 정말 그냥 넘어가는 남자는 진지한 마음이 없는 것이다. 오히려 당신에게 진심인 남자라면 그 말을 들었을 때 자신이 불필요한 존재가 된 것은 아닐까 걱정한다. 주변을 보면 매년 거르지 않고 부인의 생일에 꽃 한 송이라도 꼬박꼬박 챙겨주는 남자가 있다. 이런 남자가 부인을 진정 생각해주는 남자다.

다섯째, 당신이 아플 때 진심으로 걱정한다.

당신이 아플 때 간단하게 걱정만 비치는 남자가 있는 반면 병원에 갔는지 확인하고 가지 않았다면 시간이 허락하는 한 쫓아와서 병원에 데리고 가는 남자가 있다. 후자가 당신을 소중하게 생각하는 남자다. 이런 남자는 이미 당신의 몸이 자신의 몸이나 마찬가지라고 생각하고 당신의 몸 상태를 심각하게 걱정해줄 것이다.

여섯째, 곤란한 일이 생겼을 때 어떻게든 도와주려고 노력한다.

가족 간의 문제, 회사의 문제 등등 당신이 힘들어 하는데도 잘 알아서 하겠거니 하고 방치하는 일은 없다. 자신이 사랑하는 여자를 힘들게 하는 일이니 어떻게든 도와주려고 할 것이다. 사건이 해결된 후에도 당신의 마음이 치유되도록 애써줄 것이다.

일곱째, 당신을 기다리게 하지 않는다.

혹시 급할 때 전화를 받아서 '지금 급하니까 다시 전화할게'라고 말했더라도, 아무리 늦어도 72시간 안에는 다시 전화한다. 당신이 소중한 사람이라면 다른 급한 일에 우선순위가 있더라도 다시 당신을 떠올리는 일은 그리 어렵지 않을 것이다.

남자는 처음에는 보통 누구에게나 친절하다. 그러나 위에서 열거한 특별한 경우 혹은 또 다른 예측 못할 상황에서 남자가 어떻게 대응하느냐에 따라 당신을 소중하게 생각하고 있는지 아닌지를 알 수 있다. 이런 것들을 알기 위해서는 오랜 시간이 필요하다. 따라서 자신을 소중하게 여기는지 확실히 알고 싶다면 우선은 묵묵히 시간을 보내보며 지켜보는 것이 가장 중요하다.

바다에 빠져도
구해주지 말고
목소리도 팔지 마라

만남과
이별의 원칙

　　　　　　　페이드인(F.I)과 페이드아웃(F.O)은 영화 기법 중 점차 밝아지거나 점차 어두워지는 것을 말한다. 만남과 이별은 이 원칙으로 생각하면 쉽다.

　생각처럼 맺고 끊음이 분명하지 않은 게 바로 이성과의 만남이다. 만남과 이별에서 페이드인과 페이드아웃을 생각하지 못하면 시간이나 시기에 너무 얽매이게 된다.

　먼저 '만남'을 보자. 두 사람의 관계는 언제 확실히 시작되었다고 말할 수 없다. 처음 입학식에서 얼굴을 보았던 건지, 같은 수업에서 처음 마주친 건지, 신입사원 환영회에서 처음 만났는지, 내가 의식하기 전부터 그 사람과의 만남은 분명 있었다.

　누가 고백을 하고 사귀게 되었는지는 중요하지만 서로 간의 만남과 감정까지 '자, 지금부터 시작!'은 아니다. 말 그대로 '페이드인'이다. 서서히 시작되었고 본인이 어느 날 갑자기 느끼게 된 것일 뿐이다.

이번에는 '이별'. 우리는 특히 이별에 대해서 확실히 매듭 짓기를 잘해야 한다. 왜? 덜 상처받고 싶으니까!

이별도 어느 날 갑자기 '오늘부터 끝' 하고 선언하는 게 아니다. 그보다는 언제가 마지막인지도 모르게 사라지는 경우가 더 많다. 카페에서 헤어지자고 얘기한 것이 마지막인지 전화로 진짜 헤어지는 거냐고 울면서 물어보던 게 마지막인지 어렴풋한 것처럼. 진짜 이별은 페이드아웃이다. (사실 이 방법은 남자들이 아주 잘 쓴다. 어디서 페이드아웃 집단 교육이라도 받고 온 게 아닌지 의심스러울 정도로.)

여자들은 왜 먼저 이별을 이야기할까? 충동적으로 이야기하는 게 태반이다. '내가 너 아니면 만날 사람이 없을 것 같아? 우리 헤어져. 더 이상 네가 약속 시간에 늦는 것을 두고 볼 수가 없어', '이제 그만 만나, 나 말고 여자가 도대체 몇 명이야? 더 이상 못 참겠어' 보통 이런 식으로 먼저 이별을 꺼낸다.

진짜 속마음이야 물론 그렇지 않다. '네가 약속 시간에 늦지 않는다면 난 널 사랑할 거야', '네가 나만 만나준다면 절대 헤어지지 않아'라는 뜻이다. 여자 쪽에선 상대방을 내 뜻대로 움직이고 싶은데 잘 안 되므로 이별을 수단으로 이용하는 것이다.

하지만 진짜 이별을 하고 싶다면 방법은 달라져야 한다. 진짜 이별을 하고 싶으면 '페이드아웃'을 써라. 침묵하면서 오는 연락을 전혀 받지 않으면 된다.

입으로 이별을 얘기하는 것은 충동적이며 내 말을 들어달라는 간곡한 부탁이다. 그런데 남자는 몇 번은 사과를 하는 것 같아도 어느 순간 이별에 동의한다. 그 당시 화가 난 여자는 '깨끗이 잊어주마' 하고 돌아서지만 진짜로 남자를 잃어버릴까 봐 불안해진다. 그래서 다시 연락해서 눈치를 보거나 먼저 만나자고 하는데, 바로 여기서부터 여자의 불리한 입장이 시작되는 것이다. 더 이상 남자의 잘못에 대해서 이별을 무기로 쓸 수도 없을뿐더러 다시 헤어지자는 말을 했다가는 진짜 헤어질까 두렵기만 하다.

이별은 무기로 써서도 안 되고, 정말 원한다 하더라도 직접 입으로 얘기할 필요가 없다. 이별을 입에 올리면 어느 경우든 스스로가 불리한 입장에 처하게 된다. 진짜 이별하고 싶다면 침묵하면 그만이다.

페이드인과 페이드아웃을 기억하자. 세상의 모든 만남과 이별은 이것으로 충분하다.

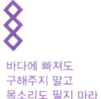
바다에 빠져도
구해주지 말고
목소리도 믿지 마라

끝장 안 보고
헤어지는 법

　　　　　연애를 어떻게 하느냐도 중요하지만 이별을 어떻게 하느냐도 정말 중요하다. 연애를 어떻게 하느냐에 따라 행복한 결혼으로 이어질 수도 있지만 반대로 서로의 마음에 상처만 남기는 회복 불능의 이별로 끝날 수도 있다. 이별을 어떻게 하느냐도 마찬가지로 중요한 게, 금방 다른 남자를 만날 수 있느냐 아니면 마음을 굳게 닫은 채 남자 만나기를 꺼리게 되느냐로 갈리기 때문이다.

　　나는 이별 후 바로 다음 날부터 남자를 만나기를 추천한다. 물론 힘든 것은 알지만, 대학 입시에서 한 번 떨어졌다고 그 마음의 상처를 치유하기 위해 공부를 안 한다는 것은 결국 그만큼의 시간을 낭비하는 일이 아니던가? 마찬가지 원리다.

이별도 아프지 않게 해야 금방 회복할 수 있다. 많은 사람들이 진실한 사랑을 만나게 되면 꼭 후회한다. 왜 좀 더 일찍 만나지 못했을까 하고. 그 이유는 간단하다. 남자 찾기를 게을리한 탓이거나 방법을 몰랐던 것뿐이다.

어떻게 하면 이별을 아프게 하지 않을 수 있을까?

가장 아프지 않게 이별하는 방법을 알려면 거꾸로 가장 아픈 이별을 떠올리면 된다. 간단히는 내가 차인 경우다. 내가 찬 경우는 아쉽지만 마음이 아프진 않다. 제일 끔찍한 경우는 다른 여자가 생겨서 (단순한 바람을 뛰어넘은 상태) 헤어진 경우다. 대부분 이런 경우 거의 패닉 상태에 빠져서 남자뿐만 아니라 상대 여자까지 스토킹을 하고 싸잡아서 복수를 하고 싶어진다. 본처가 바람난 여자 집에 찾아가서 머리끄덩이를 잡는 드라마의 한 장면이 이렇게 연출되는 것이다. 그래도 결국 남자는 떠나고 여자는 '세상에 믿을 남자 없어. 다신 연애 안 해!' 모드에 빠진다.

극단적으로 말해 이런 이별만 피하면 아프지 않게 헤어질 수 있다. 이를 위해서는 평소에 마인드를 잘 갖춰놓아야 한다. 즉, 보이지 않는 라이벌을 의식해야 한다는 말이다. 남자가 나에게 접근할 경우, 그 남자는 당연히 다른 여자도 후보에 올려놓았을 가능성이 크다. 남자가 나에게 고백을 하고 만나고 있을 경우라도 후보에 올랐던 여자들이 말끔히 정리되었는지는 모르는 일이다.

　사귀면서 유일하게 만나는 여자가 자신이라는 확신이 들었는데 조금 지나자 갑자기 남자의 행동 패턴이 이상해지는 일이 있다. 토요일 데이트를 몇 번 미룬다거나 연락이 뜸해진다. 이런 경우라면 누구라도 의심할 수밖에 없다. 아무래도 다른 여자가 생긴 게 확실하다고 생각할 경우, 남자를 추궁하거나 스토킹을 할 것이고 오히려 심증에 물증까지 얻을 수도 있다.

　그렇다면 딱 거기까지다. 거기서 남자와 헤어져라. 방법은 '연락 끊기' 아니면 '페이드아웃'. 두 가지 모두 어렵지 않다. 당신이 먼저 연락하지 않으면 남자는 절대로 연락을 안 할 테니까.

　절대로 남자를 다그치거나 눈으로 확인하려고 하지는 말길! 정말 그게 사실로 눈에 보이거나 남자의 말을 들어버리면 이별의 고통은 당신의 인생을 망칠 수도 있다. 이미 헤어짐을 각오한 것만으로도 괴롭지만 진실을 알고 난 후의 고통은 그보다 몇만 배 크다.

　담담하게 사실을 인정하라. '나보다 다른 여자를 좋아한다'고. 어차피 이것은 처음 만날 때부터 훈련이 되었던 것이다. 그 남자는 당신에게만 접근했던 것이 아니라 여러 후보 중에 당신을 선택한 것이다. 그리고 얼마든지 어떤 계기로든 우선순위가 바뀔 수 있다. 당신도 당신을 더 소중하게 생각해주는 다른 남자를 만날 수 있다. 이런 가능성을 닫아놓고 시작한 연애에서 다른 여자 때문에 이별을 하게 된다는 것은 결국 자신을 괴롭히는 괴물을 만드는 일이나 다름없다.

왜 여자들이 다른 여자 때문에 헤어지는 것이 견디기 힘든 일일까? 이유는 여자들의 본능에 있다. 여자는 보호받으려는 존재다. 헤어진다는 것은 자신이 의지할 상대가 없어진 것과 같다. 자신의 존재 자체를 좋아했던 남자가 자신을 버린것은 존재를 부정당한 사건이라 믿기 때문이다. 그래서 '난 이 세상에서 존재할 가치가 없어'라며 수렁에 빠지고 만다.

그러나 이것 또한 남자 입장에서 보면 얘기가 전혀 다르다. 남자는 대부분 '그 남자가 나보다 잘해줘? 내가 더 잘해줄게', '내가 그놈보다 가진 건 없어도 널 행복하게 해줄 수 있어'라고 말한다. 남자들은 라이벌에 대해서 '능력'이 비교되는 것이라고 생각하기 때문에 다른 남자와 대결해서 어떻게든 여자를 자신의 손에 넣으려고 한다.

또한 남자는 여자에게 접근할 때부터 거절을 각오하는 것이 습관이 되어 있다. 지금의 여자친구를 사귀기 위해 다른 여자한테 혹은 지금의 여자친구한테 몇 번이고 거절당한 경험이 있는 것이다.

물론 남자의 이별도 가슴 아픈 것은 사실이지만 여자친구에게 다른 남자가 생겼다는 걸 안다고 해서 여자처럼 자신의 존재가 부정당해서 세상이 끝날 것 같은 절망감에 빠지지는 않는다. 오히려 능력을 끌어올려 더 좋은 여자를 만나겠다고 마음을 잡는다.

대부분의 여자들은 이별을 앞두고 진실을 알고 싶어 한다. 다른 여자가 생긴 게 아니라 다른 이유, 일이 바빴거나 부모님의 반대에 부딪혔거나 결혼에 대해 아직 생각이 없다는 것이길 바란다. 그렇다면 차라리 진실을 알기 전에 자신이 생각하고 싶은 이유를 믿는 게 낫다.

끝까지 남자를 추궁해서 다른 여자가 생겼다는 것을 아는 것은 판도라의 상자를 여는 것이다. 희망마저 날려 보낼 필요는 없다. 이 희망은 두 사람의 관계에 대한 희망이 아니라 스스로에 대한 희망이다. 다른 여자가 생겨서 이별했다는 것을 모르면 당신은 훨씬 편하고 쉽게 새로 시작할 수 있다. 다른 여자가 정말 생겼든 안 생겼든 어쨌거나 여기까지 온 이상 그 남자는 당신을 소중히 여기는 사람이 아니다. '나를 소중하게 생각하지 않는 남자와는 헤어진다!'는 원칙을 생각한다면 이런 남자에게 다른 여자가 있든 없든 헤어져야 한다.

남자에게 '다른 여자가 생겼다'는 이유 때문에 이별했다고 생각하지 마라. 그 남자가 나를 소중하게 생각하지 않았기 때문이라는 자신의 판단으로 이별하라. 다른 여자가 있든 없든 나에게 소홀한 남자와는 진실한 사랑을 이어갈 수 없다. 이것이 덜 아프게 이별하는 방법이다.

애니의 체험기

한 번의 결혼 실패 후 다시 행복을 찾기까지

〈인어공주는 왜 결혼하지 못했을까〉를 처음 만났던 때는 한 번의 결혼 실패로 다시는 결혼하지 않으리라 결심했던 때였다. 결혼은 하지 않더라도 연애는 하고 싶어서 동호회 활동, 모임, 소개팅은 꾸준히 했다. 많은 남자들을 만나면서, 괜찮은 남자가 정말 없구나, 난 왜 이렇게 나쁜 남자들만 만날까 하는 실망감이 밀려와 점점 지쳐가던 때였다.

　우연히 '인공카'라는 카페를 알게 되고, 나와 비슷한 사연과 고민을 가진 글 제목들이 눈에 띄어서 가입하게 되었다. 피오나 님의 칼럼을 읽으며, 인공카 회원들의 에피소드를 하나하나 읽으면서 답답했던 마음이 뻥 뚫리는 것을 느꼈다.

　특히 남자를 만나면서 내가 유독 운이 나빠서 나쁜 남자를 만나는 게 아니라, 내가 좋은 남자, 나쁜 남자를 구별 못했던 어리석음과 나의 태도, 가치관, 만남 이후의 관계 설정 등이 문제였다는 것을 깨달았다. 그때부터 깨달음을 하나하나 실천하기 시작했다. 적극적인 만남을 위하여 노력한 것은 물론이고, 만남에서 나의 태도를 인공카와 책을 통하여 적극적으로 바꿔보고, 만남 이후에 연락 법칙 등을 철저히 지켜보았다.

솔직히 내 맘에 드는 상대방이 나타나면 '인공카 법칙대로 하다가 혹시나 잘 안 되면 어떡하지?'라는 불안한 마음과 의심도 들었던 적이 한두 번이 아니었다. 사실 몇 번은 제멋대로 '설마 이 남자는 괜찮겠지' 하며 안일하게 법칙을 어긴적도 있다. 그러면 백발백중 결과가 안 좋았다.

그 이후로는 철저히 실천했고, 가장 좋았던 것은 만남을 내가 원하는 방향으로 끌어갈 수 있게 된 점이다. 존중 받고 사랑받는 존재라는 것을 맘껏 느끼면서 더 이상 남자와의 만남에 대하여 불안함이나 초조함, 조급한 마음이 사라졌다는 것이 나에게는 가장 큰 수확이었다.

결정적으로 인공카가 나에게 도움이 되었던 것은 결혼에 대한 생각의 변화다. 앞서 말했듯이 나는 한 번의 결혼 실패로 인하여 재혼은 절대 하지 않겠다고 결심했던 사람이다. 인공카에서는 나를 제외한 모든 회원들이 모두 결혼을 목표로 만남을 하고 있는 것을 알았을 때 처음에는 이해가 가지 않았고, '그냥 연애만 하면 되지 난 결혼은 안 할 거야'라고 다짐 아닌 다짐을 하곤 했었다.

인공카를 만나기 전에는 결혼하면 남자는 다 나쁘게 변한다는 편견에 사로잡혀 있었고, 사실 그 부분이 두려움으로 작용했던 것 같다. 그러던 내가 1년, 2년 인공카에 올라온 글을 읽고, 피오나 님의 칼럼을 읽으면서 나도 이번에는 제대로 사랑하고 제대로 된 결혼생활을 하고 싶다는 생각이 어느 순간부터 정말 간절하게 들기 시작했다. 그런 소망이 생기면서 이제는 인공카 원리만 있다면 연애에서든 결혼에서든 충분히 사랑받고 사랑하면서 살 수 있다는 자신감까지 생겼다.

내 주변에는 아직도 남자 때문에 가슴 아파하고, 시간 낭비하고 있는 친구들이 많이 있다. 그들에게 진심으로 인공카를 추천하고, 연애지침서를 신경 써서 골라 선물해 주기도 하지만, 여전히 힘들어하고 있는 친구들을 보면 안타깝다. 이들의 공통점을 굳이 말하자면 실천력 부족이다.

'머리로는 알겠는데 막상 못하겠다'라는 말을 되풀이한다. 해보지도 않고 일단 안 될 것이라는 부정적 마인드와 자기가 만나는 남자는 다를 것이라는 착각을 한다. 여전히 힘들어하는 내 친구들을 비롯하여, 아직도 연애, 결혼의 관계에 있어서 어려움을 겪고 있다면 더 이상 고민하지 마시고 일단 이 책이 시키는 대로 실행해 보라고 권유하고 싶다.

이제 나는 나를 너무나 사랑해주고, 나를 만나서 세상에서 가장 행복하다고 매일 이야기해주는 남자를 만나 2014년 봄에 결혼한다. 정말 행복하고, 이 행복한 기분을 다른 사람들도 함께 느꼈으면 한다. 내가 한 것이라고는 인공카 칼럼 내용을 꼼꼼히 읽고 실행하기, 다른 회원들의 사례에서 깨달은 내용을 바로 실천해 보기가 전부다. 더 많은 사람이 같이 행복해졌으면 좋겠다.

피오나의
인어공주
연애론

STEP

4

기다리다 못해 물거품이 되지 마라

기다리다 못해
물거품이
되지 마라

남자의 관심도와
방 청소 원리

　　　많은 여자들이 남자들의 관심과 그에 대한 대응 방법에 대해서 고민한다. 명심할 점은 남자들의 관심이 절대 변하지 않는다고 생각하면 안 된다는 것이다.
　　남자들의 관심도를 단순화시켜 단계별로 나누어보았다.

　　1번: 관심이 많다.
　　2번: 조금 관심이 있다.
　　3번: 관심이 없다.
　　4번: 진절머리가 난다.

　　처음 만났을 때 남자는 대부분 1번에서 접근한다. 이때 대부분의 여자는 2번이나 3번 상태라고 보면 된다. 이 상태에서 4번의 상황은 별로 발생하지 않는다. 물론 여자나 남자나 똑같이 1번일 수도 있지만 만약 그게 서로 확인된다면 섹스만 하고 끝나는 사이가 되지 않을까 생각한다.

　1번 상태인 남자는 여자가 2번 아니면 3번의 상태라는 걸 알고 여자가 1번이 되도록 노력할 것이다. 여기서 중요한 것은 여자가 1번이라 하더라도 2번의 상태로 계속 보여야 한다는 것이다. 둘이 똑같이 1번이 됐다는 걸 알아차리면 남자는 더 이상 노력하지 않는다. 여자는 1번 상태를 계속 유지하면 되지 않겠냐고 하겠지만 남자들은 유지보다는 자신을 좋아하게 만드는 일에 더 기쁨을 느낀다.

　남자는 여자가 1번이 되었음을 알고 2번으로 떨어졌지만 여자는 여전히 1번인 상태다. 문제는 여기서부터 발생한다. 여자는 남자가 1번이 아니라 2번인지 3번인지 혼란스럽고 짜증이 나서 남자의 상태가 1번이라는 것을 확인받으려 한다.

　여기서 '방 청소 원리'가 나오는 것이다. 방 청소 원리라는 이름은 내가 붙였지만 사실 모두가 아는 내용이다. 청소를 하려고 빗자루를 집어들려고 하거나 걸레를 빨려고 하는데 엄마가 '애야, 청소 좀 해라!'고 말하면 청소하기가 딱 싫어지는 경우다.

　여자는 남자에게 사랑을 확인하려 하지만, 남자에게는 그것이 '방 청소의 잔소리'가 되고 만다. 좀 있다가 연락하려고 했는데, 좀 있으면 만나자고 하려 했는데 여자가 먼저 '왜 연락을 안 했는지', '왜 안 만나는지' 따지는 것처럼 들려서 하기 싫어진다. 이쯤 되면 2번 정도로 떨어졌던 남자의 상태는 3번을 지나 4번까지 급속도로 떨어진다.

떨어진 남자의 관심을 다시 올려놓기는 어렵다. 차라리 남자가 2번이 되었을 경우에 본인이 재빨리 3번이 되었음을 알리는 것이 남자의 반응을 이끌어내는 데 더 효과적이다. 남자들은 1번 상태를 유지하는 것보다는 여자의 관심을 끌어올리는 데 더 흥미를 느낀다. 그런 남자들에게 여자가 1번이 되었다고 알려주는 것은 더 이상 노력할 필요를 없애는 일이다.

오늘도 남자들이 내게서 멀어진 건 아닐까, 왜 예전 같지 않을까 고민하는 여자들이 많다. 남자의 관심도를 끌어올리는 방법은 여자가 끊임없이 자기의 관심이 1번에 있음을 보여주는 것이 아니라 3번쯤으로 떨어져 있음을 보여주는 것이다.

기다리다 못해
물거품이
되지 마라

당장
연락을 멈춰라

'연락'처럼 여자에게 민감한 것은 없다. 더구나 그 앞에 '먼저'가 붙으면 가슴이 뜨끔할 지경이다. 어째서, 왜 내가 먼저 연락하고 있는가를 늘 고민하는 건지 모르겠다는 생각도 든다. '정말 남자들은 먼저 연락하는 것이 그렇게 싫을까? 내가 전화하면 상냥하게 받아주긴 하는데 절대 먼저 연락하지 않는 이유가 뭘까?' 고민하면서도 내가 먼저 연락하지 않으면 상대방도 연락해오지 않을까 두려워서 언제나 먼저 전화를 거는 자신을 발견할 것이다.

먼저 전화를 걸었는데 받지 않으면 별 걱정을 다 한다. 회사에서 늦게 끝나는 건 아닌지, 휴대폰에 부재중 전화가 남았을 텐데 언제쯤 회신 전화가 올지 궁금해한다. 한 시간쯤 기다리다 슬슬 기다림의 한계를 느낀다. 이 시간이면 회사가 끝난 건 확실할 테고 내가 전화 건 것을 분명히 알 텐데 왜 답이 없을까 생각하면서 혹시나 싶어 문자를 보낸다. 짧으면 예의 없어 보일까 봐 최대한 정중하게, 상대방이 기분 상하지 않을 정도로 내용을 채운다.

'퇴근했는데 어디야? 바빠?'라고 써놓고 보낼까 말까 고민하는데 손이 제멋대로 송신 버튼을 눌러버린다. 그래도 바로 답은 오지 않는다. 벌써 열두 시가 다 되어간다. 혹시나 싶어 메신저에 접속해보니 남자는 오프라인 상태다. 도대체 어디 있는 것인지, 왜 연락이 안 되는지 답답하기만 한데 그의 행방을 알 방법은 더 이상 없다.

열두 시가 넘어가자 이젠 아무 연락이 오지 않을 것 같은 불길한 예감이 든다. 전화를 다시 해보려고 해도 내일 아침이 나을 것 같아서 포기하고 자려는데 잠은 오지 않는다. 용기를 내서 다시 전화를 했지만 역시 받지 않는다. 음성 사서함으로 넘어가는 순간, 음성을 남길까 말까 고민하다 그냥 끊어버린다. 잠을 포기하고 냉장고에서 맥주를 꺼낸다.

마침 메신저에는 최근 실연한 여자친구가 로그인해 있다. 친구와 실컷 남자들 흉을 보고 나니 이제 좀 마음이 안정되고 잠을 잘 수 있을 것 같다. 내가 깨어 있는 것을 알 텐데 그는 역시 전화를 하지 않는다.

어떤가? 누구나 한 번쯤 이와 비슷한 경험이 있을 것이다. 비록 먼저 연락하는 것까진 겨우 참아내더라도 생각만큼은 이에 뒤지지 않은 여자들이 많을 것이다. 이럴 땐 대체 어떻게 하면 좋을까?

추천하는 방법은 '그 남자에게 연락 안 하기'에 집중해보라는 것이다. 연락에는 전화만이 포함되는 것이 아니다. 그 남자에게 내 연락이 닿을 수 있는 모든 것을 가리킨다. 전화, 문자메시지, 메신저, 친구나 가족을 통한 내 소식 전하기 등 모든 것을 끊어라.

우리는 이미 너무나 잘 알고 있다. '연락 안 하기'를 실천하자면 정말 많은 감정적 훈련과 에너지가 필요하다는 것을. 연락하지 않기 위해 무엇을 어떻게 해야 하냐고 묻는다면 필자는 연락 외의 모든 것이라고 대답하겠다. 물불 가리지 말고 어떻게 해서든 연락하지 말아야 한다.

세상에 재미있는 것은 쌔고 쌨다. 동대문시장은 밤새도록 언제 가도 쇼핑을 할 수 있다. 심야 영화도 여기저기서 마음대로 볼 수 있다. 인터넷 서핑만 해도 한두 시간은 잘 간다. 혼자 사는 여자친구 집에 놀러 가는 것도 좋다. 외롭다고 하면 하룻밤 재워줄지도 모른다. '연락하기'를 '연락 안 하기'로 바꾸면 다른 할 일들이 많이 보일 것이다.

만약에 먼저 전화하지 않았다면 그 남자가 전화를 받지 않는다는 사실도 몰랐을 것이다. 전화를 받지 않는다는 사실을 모른다면 왜 전화를 안 받는지 고민할 필요도 없다. 마음 아파할 이유가 없는 것이다.

한 가지 확실한 것은 있다. 당신을 사랑하는 남자라면 당신이 먼저 연락할 틈도 없이 자주, 빈번히, 밥 먹을 시간조차 없을 정도로 귀찮을 만큼, 좀 더 지나치면 스토커가 아닌지 의심될 정도록 연락을 해온다는 것이다.

그 외에도 먼저 연락을 하지 않는 데에는 몇 가지 장점이 있다.

첫째, 내 시간을 내 맘대로 쓸 수 있다. 먼저 연락을 하게 되면 상대방 시간에 내 시간이 묶이고 만다. 늘 언제쯤 전화를 해야 그가 받을까, 언제쯤 문자를 보내야 답장이 올까, 언제쯤 메신저에 로그인을 할까, 온통 상대방 시간만 계산하느라 쇼핑도 맘 놓고 못하고 친구도 맘 편히 못 만나며 심지어 영화를 보면서도 언제 끝나는지 시계만 쳐다보게 된다. 아무것도 마음 편히 즐길 수 없다. 다시 오지 않을 소중한 내 시간에 할 짓이 못된다.

둘째, 상대방의 애정도를 금방 알 수 있다. 얼마만큼 빈번히 연락을 하느냐는 그 남자의 애정도라고 할 수 있다. 내가 먼저 연락을 해버리면 진짜 연락을 하고 싶어서 한 것인지 내가 연락을 해서 답으로 한 것인지 알 수가 없다. 원래 연락을 싫어하는 남자는 있을 수 있어도, 사랑하는 여자에게 연락하기 싫어하는 남자는 없다. (이를 확인하기 위해 남자에게 물어보는 바보 같은 짓은 하지 않기를! 남자들은 자신의 입장만 생각해서 대답하기 때문에 당신이 기뻐할 대답만 해줄 것이 분명하다.)

셋째, 항상 기분 좋은 대화만 할 수 있다. 남자가 먼저 연락을 할 때는 늘 자신이 하고 싶어서 하는 것이기 때문에 기분이 좋을 때 연락을 해오게 마련이다. 그러면 대화도 즐겁게 진행된다. 그러나 당신이 먼저 전화를 했을 때 남자가 기분 나쁜 상황이라면? 그가 억지로 전화를 받는 감정 상태가 당신에게도 전해질 것이며 그것은 즐거운 대화를 가로막을 수도 있다.

넷째, 남자가 먼저 계속 연락을 하게 된다. 남자가 먼저 전화를 걸어 만날 약속을 정했다 하자. 당신이 먼저 연락하지 않는다면 약속 확인을 위해 그는 또다시 당신에게 전화할 것이고 약속 장소에 나오기 전에 또 한 번 확인 전화를 할 것이다. 당신이 먼저 연락하지 않는다면 데이트가 끝난 뒤에 남자가 먼저 데이트 감상을 전하기 위해 연락할 것이다. 당신이 먼저 연락하지 않는다면 며칠 후 남자가 먼저 연락을 해서 다시 만나자고 할 것이다. 이렇게 당신이 먼저 연락하지 않아도 그 남자와의 관계는 이어지게 되어 있다.

이 순환이 자연스럽지 않고 이상하다고 생각하는 사람은 단 한 명도 없을 것이다. 만약 먼저 연락하는 것에 대해 괴로워하고 있다면 그것은 부자연스러운 것에 대한 자각에서 오는 고민이다. 그렇다면 더더욱 지금 당장 '먼저 연락하기'를 멈추어야 한다.

연락을 멈추었을 경우 두 가지 결과로 이어진다. 남자 쪽에서 연락이 오든지, 아니면 연락이 끊기든지. 전자의 경우는 남자가 나에게 관심 혹은 애정이 있는 경우이고, 후자는 당신이 먼저 연락을 하지 않았다면 진작 끝났을 관계다. 후자인 경우라면 지금까지 내게 관심이 없는 남자와 시간을 보내고 있었던 셈이다.

물론 아직 그에게 호감이 있거나 그를 사랑한다고 생각한다면 그에게서 연락이 오지 않는 것이 두려울 수도 있다. 하지만 '진실'이 궁금하지 않은가? 이 남자가 정말 나를 좋아하는지 아닌지. 당장 실천해보자. 이 방법처럼 간단하게 남자의 속마음을 알 수 있는 방법도 없다.

그전에 분명히 명심할 게 있다. 연락 가능한 모든 수단을 동원해서 연락하지 않아야 한다. 친구의 휴대폰을 빌려서 당신의 번호가 찍히지 않도록 전화해보는 방법도 안 된다. 일절 모든 연락을 끊어라. 아무리 둔한 남자라도 자신의 세상에서 그녀가 완전 사라졌다고 인식할 정도로. 그리고 얼마 만에 연락이 오는지 체크해보자. 최소한 일주일 안에 다시 연락이 오지 않는다면 헤어지고 다른 남자를 만나라. 나를 좋아하지도 않는 남자에게 목매기 싫다면!

기다리다 못해
물거품이
되지 마라

연락은
1/3만 받아라

'먼저 연락하지 않기'를 실천해보고 느낀 점이 있는가? 연락하기를 참는 일은 무척 힘들었겠지만 대신 마음이 좀 편해지지 않았을까 한다. 이번에는 오는 연락에 대해서 어떻게 반응하는지에 대해 이야기해보려 한다.

당신은 이제 먼저 연락하지 않고 받기만 하는 입장이다. 전화를 어떻게 받아주는 게 좋을까? 혹시 연락이 올 때마다 꼬박꼬박 받아주는 것이 예의이며 그렇게 해야 남자가 기뻐한다고 생각하지 않는가? 당장은 남자가 당신이 연락을 잘 받아주는 것을 칭찬해주며 더 자주 전화를 해줄지도 모른다.

그런데 어느 순간 그의 문자도, 전화도 갑자기 줄어들기 시작한다. 당신은 어떻게 해야 할지 당황스럽기만 하다. 먼저 연락은 하지 않고 있지만 이것이 어떤 신호인지 궁금하기만 하다. 어떻게 대처해야 할까?

처음엔 남자가 연락하는 패턴을 관찰해보고 맞춰준다. 하루에 열 번도 더 연락하는 남자도 있을 테고, 하루에 한 번, 혹은 2~3일에 한 번 혹은 일주일에 한 번 등 여러 경우가 있을 것이다. 그의 연락이 나에 대한 관심을 말한다는 것은 누구도 부정하지 않을 것이다. 하루에 열 번이든 한 번이든 전혀 관계가 없다.

문제는 기대만큼 연락이 안 온다는 데 있다. 어느 순간 매일 연락하던 남자가 일주일에 한 번만 한다거나, 하루에 세 번은 연락했으면 하는 남자에게는 하루에 한 번 정도 연락이 오고, 하루에 한 번이라도 연락했으면 하는 남자에게는 2~3일에 한 번씩 온다면?

단순히 횟수의 문제만도 아니다. 통화 시간도 점점 짧아지고 심지어 내 말이 끝나지도 않았는데 피곤하다며 전화를 끊으려고 한다면?

왜 이런 일들이 일어나는 것일까? 이유는 간단하다. 초창기에 남자가 연락하는 것에 꼬박꼬박 응해줬고, 그래서 당신은 남자가 그만큼 연락해야 한다고 스스로 못을 박아두고 그 페이스를 남자에게 요구한 것이다.

자, 이제 방법을 바꿔보자. 남자에게 연락이 올 때는 1/3

정도만 받아보라. 전철 안에서, 회사에서 일하는 중에, 친구와 혹은 가족과 대화하고 있을 때, 집에서 혼자 영화를 보고 있을 때, 매니큐어를 바르고 있을 때 일일이 남자의 전화를 받을 필요도, 문자나 메신저에 대답할 필요도 없다.

한 시간 후 혹은 하루 후에 대답해도 괜찮을 내용이 99퍼센트다. 그럴 때는 전화를 받지 말고 문자에 답을 하지 않아도 된다. '그러다가 그에게서 연락이 안 오면 어떡하죠?'라고 불안해하지 마라.

일단 연락을 시작한 사람에게는 '연락 관성의 법칙'이란 게 생긴다. 연락을 해서 상대방이 받지 않으면 받을 때까지 하고 싶어지는 것이다. 아마 당신도 느낀 적이 많을 것이다. 연락이 안 되면 더 궁금하고 또 받을 때까지 해야 직성이 풀린다. 물론 그 정도의 관심이 있다는 전제하에 말이다.

분명히 그는 당신이 받을 때까지 전화를 하고, 안 받으면 문자를 하고 그래도 연락이 없으면 온라인에서 메신저를 뒤져볼 것이다. 물론 상황에 따라 좀 다르긴 하겠지만 단순히 한 번 연락해보고 안 된다고 그만두는 경우는 거의 없다. 몇 번 연락이 온 후에 전화를 받는다면 그가 화낼 것이라고? No! 간신히 연락이 닿았을 때엔 화보다는 반가움이 앞서게 마련이다. 그에게 나는 언제나 반가운 존재가 되는 것이다.

남자가 2~3일에 한 번 연락한다면 당신은 일주일에 한 번,

하루에 한 번 연락한다면 2~3일에 한 번, 하루에 열 번도 더 연락하는 사람이라면 한두 번만 연락을 받아주면 된다. 남자는 영원히 당신보다 많이 연락하는 남자가 될 것이다.

다들 걱정하는 것이 처음보다 연락이 뜸해지는 경우인데, 이것도 마찬가지다. 처음에 매일 혹은 하루에도 여러 번 연락이 올 때마다 당신은 그 즉시 답을 해줬을 것이다. 남자에게 당신은 언제나 연락해도 금방 답을 받을 수 있는 상대가 되어버리기 때문에 열심히 연락을 할 필요가 없어지는 것이다.

자, 이제부터는 반드시 명심하시라. 남자에게 연락이 오면 횟수의 1/3 이하로 답해주기. 이것을 실천하면 당신은 놀라운 경험을 하게 될 것이다. 지금까지 매일 오던 연락이 2~3일이 되고 일주일이 되어 끊어지는 것을 경험했다면, 이제는 반대로 일주일에 한 번 연락하던 사람이 2~3일에 한 번씩 연락하고, 나아가서는 매일 연락해올 것이다.

점점 애정이 깊어지는 남자, 당신은 그런 남자와 연애하고 싶지 않은가?

기다리다 못해
물거품이
되지 마라

용건만 간단히!

전화로 두 시간 이상 애인과 통화해본 경험이 있는지? 문자를 하루 종일 교환한 적이 있는지? 메신저를 하루 종일 온라인 상태로 유지한 적이 있는지? 이 모든 질문에 '예스'라고 대답하고 연애는 그렇게 하는 것이라고 믿는다면, 앞으로는 모든 연락에 대해서 '용건만 간단히!'를 명심할 것! 전화, 문자, 메신저 모두 예외는 없다. 모든 연락 수단에 대해서 늘어지게 얘기하는 태도를 버리고 용건만 간단히 하고 끊자.

자기 전에는 반드시 한 시간 이상 전화하고 '잘 자'라는 인사를 들어야 하고, 아침에는 반드시 모닝콜로 대화를 나눠야 하고, 문자는 그의 짧은 질문에도 글자 수가 모자라 나눠 보내야 할 정도로 길게 하고, 메신저는 하루 종일 온라인 상태로 해두고, 심지어 둘만이 따로 쓰는 메신저 아이디까지 만들어놓고 있는 당신. 어쩌면 당신은 고민하고 있을지 모른다. 왜 내가 보고 싶을 때 이 남자는 만나자고 말하지 않을까? 아니면 나는 조금 더 통화하고 싶은데 왜 일찍 끊으려 할까? 정말 날 사랑하는 걸까?

더 이상 이런 고민을 할 필요가 없다. 오늘부터 앞서 말한 '1/3 연락 응답'과 '용건만 간단히!'를 실천하자. 이게 얼마나 힘든지는 잘 알고 있다. 특히 장거리 연애를 하고 있다면 자주 만나기 힘드니 전화라도 자주, 오래 해야 한다고 생각할지 모른다. 그러나 '용건만 간단히!'에는 어떤 예외도 없다.

<u>길어지는 대화는 무조건 만나서 한다고 생각하면 된다. 전화, 문자, 메신저로 오래 얘기하는 것이 남자에게 데이트할 동기 부여를 약하게 만드는 것이라는 생각은 안 해보았는가?</u> 더 심하게 얘기하면 그와의 대화가 위에 열거한 모든 것에서 해결되면 정작 만나서 할 것이라고는 '섹스'밖에 없을지도 모른다.

마음을 굳게 먹고 심호흡을 하고 다음의 몇 가지를 꼭 실천해보길 바란다. 처음엔 어렵겠지만 서서히 실천하면 오히려 그가 나에게 자주 연락하게 하는 효과를 불러올 테니까.

첫째, 시간을 의식할 것! 그와 통화가 시작되면 먼저 시계를 본다. 이야기를 하면서 5분 단위로 시간을 체크한다. 10분이

지났을 즈음 슬슬 전화를 끊어야겠다고 마음의 준비를 하고 5분이 지나 15분이 되었을 때 주저 없이 말하라. 그가 말을 하는 도중이라도 상관없고 그의 말을 끊어도 괜찮다.

'저녁 먹어야 하는데 나중에 다시 할래?', '오늘은 피곤해서 자야겠다. 내일 통화하자', '누가 왔나 봐. 일단 끊을게' 등등 자연스러운 핑계를 대서 전화를 끊는다. 물론 끊을 때는 다음에 통화하자는 말을 해도 괜찮다. 그가 다시 전화하게 하는 중요한 역할을 하니까. 단지 정확히 언제 다시 하라는 말을 하거나 '내가 다시 전화하겠다'는 말은 하지 말아야 한다.

무엇보다 중요한 것은 일부러 전화를 끊는 게 아니라 '어쩔 수 없는 이유로 끊어야 하므로 나중에 다시 전화를 해줬으면 좋겠다'는 자연스러운 분위기를 연출하는 것이다. 그러면 그는, 당신과 다시 통화를 하고 싶다면, 언제쯤 받을 수 있을까를 스스로 생각해서 다시 전화할 터이다.

이때는 '1/3의 법칙'을 적용하라. 즉 다시 걸려온 전화를 받지 않는다. 그는 당신이 저녁을 먹거나, 자거나, 엄마랑 얘기를 하고 있거나, 회사 일을 처리하고 있다고 생각하고 시간을 두어 다시 전화할 것이다. 이때도 인내심을 발휘하여 받지 않는 게 좋다. 그러면 남자는 포기하거나 문자를 보내거나 인터넷 메신저에 접속해서 당신을 찾을 것이다.

이때 가장 좋은 방법은 그대로 하루를 보내고 다음 날 전화가 걸려왔을 때 받는 것이다. 남자는 왜 전화를 안 받았는지 물을 것이다. 물론 안 묻는 사람도 생각보다 많다. 그가 묻는다면 자연스럽게 대답하면 된다.

'저녁 먹고 잤어', '동생이랑 얘기하다 잤어', '회사 일 좀 하고 잤어'라고. 이러면 남자도 납득하고 넘어간다. 이것을 계속 반복하다 보면 그는 당신과 통화하기 위해 틈만 날 때마다 전화를 할 것이다. 당신은 왜 그 남자가 전화를 안 하는지 고민할 필요가 없어진다.

둘째, 답은 시간을 두고 할 것! 이 경우는 문자와 메신저에 해당한다. 우선 문자에 대해서 얘기하자면 일단은 그가 보내온 문자 중 답이 필요하지 않은 내용에는 답을 하지 않는다. 만나자는 내용이라도 '된다', '안 된다' 정도로 간단하게 한다. 그 외의 문자에는 답을 하지 않아도 된다. 보내지 않아도 되는 문자들은 이런 것이다.

'좋은 아침, 하루 잘 보내.'
'오늘은 덥네. 점심은 잘 먹었어? 나는 자장면 먹었어.'
'오늘은 친구들이랑 술 마시러 간다.'
'요즘 유행하는 영화 중에 ○○○라고 알아?'

이런 문자에는 바로 답을 보내지 않아도 된다. 정 답을 보내고 싶다면 최소한 한 시간 후에 한다. 왜 한 시간 후에 보내는지 그 이유는 쓰지 않아도 된다. 만약 답을 한다면 이 정도가 적당하다.

'지금 점심 먹으러 감. 점심 잘 드셈.'
'잘 몰라.'
'알았어.'

머리 굴려 긴 문장으로 보낼 필요가 없다. 그리고 가장 조심할 것은 문자보다 더 많이 자주 쓰고 있는 '카톡'과 같은 SNS 메신저라고 할 수 있다. 카톡은 쉽게 말을 걸고 또 쉽게 대답할 수 있고 시간의 제약도 거의 없어 보인다. 24시간 말을 걸어도 괜찮을 것 같은 매체다. 그래서인지 문자메시지로는 중요하거나 용건을 얘기하지만 카톡으로는 시답잖은 얘기나 혹은 시간 때우기용 대화를 많이 하게 된다. 물론 카톡으로 중요한 얘기를 하는 사람도 있겠지만 카톡은 '용건만 간단히'와는 거리가 멀다.

필자는 강력하게 남자를 만나기 전, 그리고 진정 사귀는 사이가 되기 전까지는 카톡을 하지 말라고 권하고 싶다. 무엇보다 카톡에 바로바로 답하는 이미지는 남자에게 한가한 여자로 비칠 가능성이 높다. 카톡을 사용할 때도 '용건만 간단히'를 잊지 않기를 바란다. 그리고 친한 사이가 되기 전까지는 카톡을 하더라도 문자메시지와 비슷한 느낌으로 사용하자. 장시간 카톡을 하는 것도 바람직하지는 않다고 본다. 카톡이 길어지면 서로의 관계에 해가 될 뿐 득은 없다고 해도 과언이 아니다.

셋째, 연락처는 단계적으로 알려줄 것! 온라인에서 만난 사이라면 연락처는 처음에 이메일이 될 것이다. 메일 교환만 하다가 시간이 지나면 전화번호를 알려준다. 전화번호도 상대방이 묻지 않는 한 먼저 알려주지 않는다. 전화번호를 알려주고 전화를 하고 문자를 교환하다가 정말로 사귀는 시점에서 메신저 주소를 알려준다.

메신저 주소를 가장 나중에 알려줘야 하는 이유는, 컴퓨터를 많이 쓰는 경우, 하루 종일 연락이 가능한 상태로 노출되기 때문이다. 이 때문에 여러모로 관계의 폐해가 발생할 위험이 크다. 메신저 주소를 알려달라고 하면 조금 더 사귄 후에 알려주겠다며 자연스럽게 미루는 것도 좋다. 이것이 가장 이상적인 방법이지만 경우에 따라 순서를 바꿀 수도 있다. 중요한 것은 언제나 연락이 되도록 당신의 모든 연락처를 처음부터 알려줄 필요가 없다는 사실이다.

이 방법들을 매일매일 실천해간다면 당신은 더 이상 '연락이 왜 안 오는지', '왜 그가 전화만 하고 만나려 하지 않는지', '왜 메신저에서 답이 없는지' 고민할 필요가 없다. 남자가 언제 당신과 연락이 될 것인지 고민할 것이며, 어떻게 해야 당신과 연락이 잘 될지 고민할 것이고, 나아가서는 만나서 대화하고 싶어 할 것이다.

연락보다 중요한 것은 실제로 만나는 일이다. 연락만으로 이어지는 것은 가상의 관계밖에 되지 않는다. 그리고 만남이 규칙적이라면 연락의 횟수나 연락 수단에 대해서는 고민할 것이 없다. 가령 메신저로만 연락을 해오는 남자라도 일주일에 한 번 이상 꼬박꼬박 만나고 있다면 그 남자에게 전화를 해달라고 강요하지 말자. 연락에 대해서는 개인차가 심하기 때문에 감안해 줘야 한다.

기다리다 못해
물거품이
되지 마라

고백을 받아도
연락은 팅겨라

'먼저 연락 안 하기', '연락은 1/3만 받기', '용건만 간단히!' 등을 잘 활용해서 드디어 남자에게 고백을 받은 후에는 어찌 해야 할까? 우선 여기까지 착착 진행해온 당신에게 마음의 축하를 보낸다. 드디어 남자에게 고백을 받기는 했는데 대체 어찌 해야 할지 우왕좌왕 망설이는 당신을 위한 얘기다.

처음에 지침이 되었던 '연락 안 하기'는 계속해야 하는지, 대화도 계속 들어주기만 해야 하는지, 이렇게 표현을 안 하다가 남자가 내 마음을 알 수 없어 행여 떠나버리는 건 아닌지, 날 싫어하게 되진 않을지 불안한 마음일 것이다.

지금 막 사귀기 시작한 단계에서는 내가 먼저 연락을 하거나 전화로 대화를 많이 해도 남자의 애정은 변함없다. 문제는 초기 단계를 지나고 난 후다. 달콤했던 핑크빛 연애기가 한 3개월 정도 지나고 나면 여자는 문득 '그러고 보니 왜 연락이 줄어들었지? 왜 만나자는 얘기가 없지? 나보다 친구들을 더 자주 만나는 거 아냐?'라는 생각을 한다. 여자들은 여기서 혼란에 빠진다.

'과연 이 남자가 날 사랑하는 걸까? 절대 안 변할 것 같은 사람이었는데. 이러다 헤어지면 어쩌지?'

여자는 처음엔 최대한 기분 좋은 얼굴로 남자친구에게 가볍게 물어본다. "요즘에 바빠? 우리 이번 주에 영화 볼까?" 영화를 보러 갔다고 치자. 그래도 남자의 반응은 시큰둥한 것이 예전처럼 즐거워하는 것 같지가 않다. 아니면 '이번 주에 친구들 만나기로 했어'라는 말을 듣고 기분이 상해버릴지도 모른다. 그래도 세 번은 참자 하며 넘겼는데 결국 세 번을 넘기고 만다. 그리고 어느 날 '오늘은 꼭 말해야겠어. 날 사랑하는지 아닌지 확인해봐야겠어'라며 작정하고 남자친구에게 말한다. "할 얘기가 있으니 꼭 만나."

남자친구는 분명히 나올 것이다.

"너 요즘에 전화도 자주 안 하고 나랑 자주 만나지도 않고, 나한테 애정이 없어진 거 아냐?"

"아니야. 좀 바빠서 그래."

"그래? 처음에도 바빴잖아. 요즘이라고 뭐 특별히 바빠진 거 있어?"

"알았어, 알았어. 미안해. 내가 잘못했어. 우리 뭐할까?"

남자친구는 사과를 하며 자연스럽게 화제를 돌리고, 당신은 사과를 해준 성의를 받아줘야겠다는 생각에 "이번엔 참지만 다음엔 안 참을 거야. 잘해"라고 나름대로 경고하고 넘어간다.

처음 며칠은 연락을 잘하는 것 같더니 금세 예전으로 돌아가버린다. 다시 남자친구에게 따지고 사과받고 그러기를 몇 번. 결국 여자가 폭발해서 '그러면 우리 헤어져!'라고 하든지 남자 쪽에서 '널 좋아하는데 난 네가 부담스러워'라든가 '그만해. 나도 힘들어. 넌 너무 사람을 질리게 해'라고 말하고 헤어진다. 결국 여자는 상처를 받고 '세상에 진실한 사람은 없어', '남자는 처음에만 잘해줘', '저 남자는 날 진짜 좋아한 게 아니야'라고 생각하게 된다.

남자도 마찬가지다. '여자들은 왜 구속하려고 할까?', '내가 뭘 잘못했지? 난 노력하는데 왜 몰라줄까?', '마음 좀 편하게 해주면 좋겠는데'라는 오해로 막을 내리는 것이다.

여자는 또 다른 남자를 만나더라도 이 패턴을 반복할 확률이 매우 높다. 두 번 이상 이런 패턴이었다면 이미 당신은 '남자를 모르겠어', '남자는 다 거짓말쟁이', '다신 연애 따위 안 해' 모드에 빠져 있지 않을까?

자, 그렇다면 다시 고백을 받은 후로 돌아가보자. 남자의 고백에 기뻐하는 것은 좋지만 바로 기다렸다는 듯이 '열애 모드'로 들어가는 것은 3개월 후에 화를 부르는 일이다. 처음에는 그저 남자의 고백을 받아들이는 수준으로만 여겨두자. 남자가 '좋아하는 것 같다. 사귀자'라고 했다면 '저는 아직 모르겠지만 좀 더 만나보죠'라는 식으로 말해도 충분하다. 호감은 있지만 아직 뜨겁지는 않다는 정도만 보여주면 된다.

연락은 전과 같이, 용건이 없는 한 먼저 전화하거나 대화를 길게 할 필요도 없다. 변함없이 만나서 대화를 하고 즐거운 시간을 보내면 된다. 남자가 고백을 했다는 것은 이미 당신을 좋아하고 애인이 되고 싶다는 강렬한 마음이 있어서다. 여자가 일부러 더 자주 연락해서 애정 표현을 할 필요는 없다.

대신 남자로부터의 연락은 사귀기로 한 후에 현저히 늘었을 것이다. 남자의 페이스에 맞춰 오는 대로 다 받아주면 3개월 후에는 당연히 줄어든다. 여기서도 여전히 1/3의 법칙은 유효하다. 뭐, 그 이하라도 상관은 없다. 또한 아무리 사귀고 있고 그가 친절하다 해도 자신의 유년 시절의 아픔, 과거의 실연담 등을 구질구질하게 말할 필요도 없다. 남자가 당신을 떠올릴 때면 항상 플러스의 이미지가 있어야 한다. 당신은 남자에게 환한 얼굴로 떠올라야 하지 않겠는가?

먼저 만나자는 얘기도 하지 않는 게 좋다. 당연히 남자가 먼저 만나자고 얘기할 것이기 때문이다. 그러다 보면 데이트 패턴도 잡힌다. 이때에도 매일 만나는 것은 좋지 않다. 물론 CC나 사내 연애는 조금 다르겠지만 데이트는 많아야 주 2회 정도면 족하다.

왜 이렇게 피곤하게 일일이 신경 써야 하느냐고? 당연히 오래 연애하고 싶기 때문이다. 이렇게 연애를 하면 금방 생활 속에 녹아드는 연애 패턴이 생긴다. 그런데 매일 연락하고 매일 만나면 생활이 아니라 이벤트가 되어버린다. 참고로 이벤트는 오래가기가 힘들다. 이런 조절은 남자가 하기에는 어렵다. 남자들은 오로지 적극적이어야만 여자를 얻을 수 있다는 생각을 하는 쪽이기 때문에 이런 '정지 신호'는 생각도 못한다. 그러니 이 몫은 여자 쪽에서 해주는 게 편하다. 이렇게 되면 남자친구는 당신을 떠올릴 때마다 항상 즐거워질 것이다. 남자친구는 당신의 건강을 걱정해줄 것이고 즐겁게 해주려고 노력할 것이고 언제나 함께 있으려고 할 것이다.

이런 여자의 태도를 남자친구 입장에서 생각해보자. 귀찮게 느낄 정도로 연락을 하지도 않고 무언가를 요구하는 것도 없고 내가 노력하는 것을 기뻐해주는 예쁜 여자친구를 둔 자신이 세상에서 제일 행복한 사람이라는 생각이 들지 않겠는가.

기다리다 못해
물거품이
되지 마라

대화를 마무리하려고
애쓰지 마라

늘 그렇듯 아침에 문자를 보내온 그.
'좋은 아침, 난 어제 영화 보고 늦게 자서 피곤하네.'
이 문자를 본 당신은 그가 무슨 영화를 봤는지 궁금해서 바로 물어본다.
'무슨 영화? 피곤하다고 일찍 잔다더니.'
문자를 보냈는데 대답이 없다가 점심때가 되어서야 문자가 왔다.
'점심 잘 먹었어? 오후가 되니 졸리네. 자기도 힘내.'
이 남자가 물어본 말에 대답은 없고 왜 딴소리일까 싶어 당신은 의아해진다. 이 남자가 도대체 정신이 있는 걸까? 혹시나 싶어 전화를 해본다.

"나도 방금 점심 먹었는데, 어제 무슨 영화 봤어?"
"응. 뭐더라? 제목이, 무슨 해적……."
그의 말을 듣는 순간 당신은 무슨 영화인지 알 것 같아 되묻는다.
"캐리비안의 해적?"
"응, 그래. 그거."
"바쁘니까 나중에 전화할게."
그러고는 퇴근하고 나서까지 남자에게선 연락이 없다. 당신은 마무리하지 못한 그와의 대화가 신경 쓰인다. '캐리비안의 해적 몇 편을 본 것이며 대체 왜 대화를 하다 말까? 왜 나와의 대화에 이렇게 성의가 없는 걸까?' 생각하는 사이에 그에게 전화가 왔다.
"퇴근했어? 난 친구들하고 술 좀 마신다."
아까부터 그가 몇 편을 보았는지 신경 쓰인 당신은 또 물어본다.
"몇 편 봤는데? 3편?"
"모르겠어. 올랜도 블룸도 나왔는데."
"그게 언제더라……. 2006년도 거야?"
"모르겠어. 이따가 전화할게."
여기서 대화는 또 끊긴다. 당신은 오늘 안으로 이 대화를 마무리 지어야 한다는 왠지 모를 사명감에 불탄다. 그리고 그가 오늘 안에 전화를 걸어 대화를 마무리 지을 것이라고 믿어 의심치 않는다.

　예를 든 것은 단순히 영화 얘기지만 그 외에도 많은 대화가 있다. 정말 나를 좋아하는지 물었는데 그는 대답을 피하고 다른 얘기만 한다든지, 여행을 가자고 해놓고는 어디로 갈 것인지 언제 갈 것인지 마무리를 안 한다든지, 친구 모임에 같이 가자고 하더니 언제인지 말을 안 해준다든지.

　하지만 이 모든 대화를 왜 꼭 오늘 마무리 지어야 하는가? 그리고 마지막까지 대화에 마무리가 안 되었다고 짜증낼 이유가 뭐가 있는가?

　정말 남자친구가 당신하고 영화 얘기를 하고 싶다면, 당신에게 고백하고 싶다면, 여행을 하고 싶다면 언제든 다시 화제를 꺼낼 것이다. 당신은 그와의 대화에 더 이상 신경 쓸 필요 없이 그저 편안하게 잠들면 된다.

기다리다 못해
물거품이
되지 마라

대화에
집착하지 마라

　　　　　　우리는 모든 문제의 해결책을 대화에서 찾으려고 한다. 일례로 친구에게 남자친구와 싸운 일을 상담하면 열심히 듣던 친구는 마치 100점짜리 정답을 얘기하듯 한마디 던질 것이다.
　"너희는 대화가 부족한 것 같아. 둘이 좀 더 대화를 해보면 어때?"
　친구의 말에서 빛을 발견한 것처럼 수긍하고는 금세 남자친구에게 전화를 걸어서 "오늘 우리 대화 좀 해야겠어. 요즘 대화가 너무 부족한 거 같아. 저녁에 시간 돼?"라고 총알처럼 용건을 쏟아놓는다. 남자들의 반응은 어떨까?
　'그래. 나도 대화가 좀 부족하다고 생각했어. 오늘 대화를 위해서 만나자'라고 할까? 보통은 '응, 알았어'라고 마지못해 대답하든지 '오늘은 바쁘니까 다음에 얘기하자'라든지, 아니면 '우리는 늘 대화를 하고 있잖아?'라고 하지 않을까? 남자의 반응이 어떻든 간에 신나서 달려 올 남자는 결코 없을 것이다.

남자의 시큰둥한 반응에 당신은 '역시 그 남자는 나와 대화하는 걸 즐거워하지 않아. 우린 헤어지는 것이 좋겠어'라고 단정하고 다시 친구에게 상담한다. 친구는 아주 안됐다는 표정으로 '그래? 그 남자는 정말 너한테 애정이 없나 봐. 대화조차 안 하려고 하다니'라고 훈수할 것이다. 이별의 단초는 이렇게도 쉽게 생긴다.

'대화 부족'으로 헤어졌으니 다음엔 꼭 '대화가 잘 통하는 남자'를 만나겠다고 결심한다. 새로운 남자를 처음 만났을 때부터 대화가 통하는지를 알아보기 위해 영화 얘기, 음악 얘기, 여행 얘기 등 여러 가지 화제를 주절주절 풀어놓는다. 공통점이 많은 것 같으면 대화가 통하는 사람이고 없으면 대화도 안 통하는 사람으로 구분짓는다.

<u>이것은 우리가 여자친구를 고르는 기준과 아주 흡사하다. 우리가 여자친구에게 기대하는 것은 단순하다. 나를 먹여 살리지 않아도 되고 나를 안아주지 않아도 되고 같이 밥 먹고 차 마시고 술 마시며 대화만 통하면 된다.</u>

<u>그렇다고 애인을 고를 때도 이 기준이 유효할까?</u> 이 질문

에 답을 내리기 위해서는 여자와 남자의 대화에 대한 차이를 먼저 알아야 한다.

여자들의 대화를 보자.
"어머, 오랜만이다. 어떻게 지냈어? 머리 바꿨네?"
"응. 어때? 잘 어울려?"
"응. 훨씬 낫다. 근데 넌 무슨 다이어트를 한 거야? 왜 이렇게 살이 빠졌어?"
"아냐. 요즘엔 오히려 찐 거 같아. 네 옷 정말 잘 어울린다."
남자들의 대화를 보자.
"언제 왔냐?"
"좀 전에. 어디로 갈까?"
"가까운 술집으로 가지."
이게 남자들의 대화다. 적어도 당신이 남자를 만났을 땐 저것보다는 많이 말하지 않나? 남자들이 여자를 만났을 때는 이미 '대화'를 위해 노력하고 있는 상태다. 자신이 좋아하는 여자가 대화를 원한다는 것을 알기 때문이다. 그런 남자에게 '우린 대화가 부족해'라고 밀어붙이는 것은 공부하는 모습을 보지 않고 시험 성적만 가지고 야단치는 부모님의 모습과 다를 게 뭐가 있나?

대화를 하지 않으면 남자와 잘 맞는지는 대체 어떻게 알 수 있고, 또 둘의 관계는 무엇에 의해 움직이냐고 물을지도 모르겠다.

　남녀가 만났을 때 정말 많은 것들이 교차한다. 외모의 느낌, 집안 환경, 직업, 화법 말고도 설명할 수 없는 많은 코드들이 오간다. 실제로 우리 주변의 관계들을 살펴보자. 가족·회사 동료·친구 등 대화의 유무 이전에 어떤 기본적인 '관계'가 존재하고 그 위에 '대화'가 얹히는 식이다. 예를 들면 엄마와의 대화 방식이나 양은 사람마다 제각각이지만 엄마는 엄마다. 대화가 통해야 엄마가 되는 것이 아니다.

　애인도 마찬가지다. 애인이란 관계가 존재하고 그 위에 대화가 얹어진다. 그러므로 대화를 많이 할 때가 있고 적게 할 때도 있다. 당연히 억지로 대화의 양을 늘리기 위해 노력할 필요도 없다.

　남자들이 '대화가 통하는 여자'가 좋다고 하지만 이 말은 '대화도 통하는 여자'라고 보는 게 옳다. 처음에 이성적으로 끌리는 느낌이 없다면 대화도 의미가 없으니까. 그러므로 연락도 대화를 위한 수단이 아니라 서로의 존재를 인지하는 수단 정도로 이해하면 된다. 연락의 주된 목적은 만나는 약속을 정하기 위한 것이라고 보는 게 편하다.

　대화는 늘 잘 되어야 하고 많이 해야 하고 변함없어야 하는 것이 아니다. 대화라는 것 자체가 늘 부족할 수밖에 없고 오해를 만들고 화나게 하는 것이다. 그래서 때로는 대화가 아닌 침묵이 관계의 해결책이 되기도 한다. 남녀 사이의 설명하기 힘든 많은 기류들 중에는 분명 우리가 컨트롤할 수 없는 부분이 분명 있으니까.

내가 20대였던 시절에는 잘 쓰지 않던 말이지만, 요즘 '소울메이트'라는 말이 떠오르면서 여자들의 '대화 집착증'에 다시 한 번 불을 지르는 것 같아 안타까운 마음이다. 말 그대로 소울메이트라면 굳이 대화가 없어도 통하는 사이 아닐까? 그런데 대체 왜 소울메이트는 처음 만나서부터 완벽하게 대화가 통하는 사이에서 출발한다고 생각하는 걸까?

우리는 여러 남자와 연애를 하고 싶은 게 아니라 정말 나와 맞고 나를 아껴주는 한 남자를 만나려는 것이다. 그런데도 대화에만 집착해서는 올바른 선택을 하기 어렵다. 이 말을 남자 입장에서 보면 결국 '말'만 번지르르 잘하면 어떤 여자든 꾈 수 있다는 소리 아니겠는가?

늘 애인과 대화가 부족하다고 생각했다면 오늘부터는 대화는 원래 부족한 것이라고 생각하라. 솔직히 남자에게 대화만 바라는 건 아니잖은가? 즐거운 수다는 여자친구들과 즐기자. 남자친구는 비록 말은 잘 못할지언정 따뜻한 손과 넓은 가슴으로 당신을 보듬어줄 테니까.

기다리다 못해
물거품이
되지 마라

남자의 휴대폰을 여는 순간
지옥문이 열린다

우리는 가끔 스스로도 놀랄 정도로 스토커 기질이 있음을 깨닫곤 한다. 그 남자의 메일 주소며 비밀번호(그가 알려준 것이긴 하지만)까지 알고 있고 그것을 통해서 다른 메일 주소며, SNS 비밀번호, 게임 아이디까지 알아낼 수 있다. 그리고 의심이 들 때는 맨 먼저 휴대폰부터 뒤진다. 휴대폰에는 꼭 증거가 남아 있으리라고 확신하며.

내가 하고 싶은 말은 하나다. '남자의 휴대폰을 보는 순간 지옥문이 열린다'는 것.

당신이 남자의 휴대폰에 시선을 옮긴 순간 당신은 이미 남자를 의심하기 시작한 단계다. 그 의심을 뒷받침할 증거를 찾을 수단으로 '휴대폰'을 선택한 것이다. 바람은 심증이 곧 물증이란 말이 있다. 휴대폰을 볼 때 아무것도 없다면 안심할 수 있으리라 위안하면서 봤겠지만 단순히 그렇게 끝나지 않으니 문제다. 의심할 만한 번호가 없다면 '혹시 통화 내역을 지운 게 아닐까?', '혹시 남자 이름으로 저장하고 통화를 하는 거 아닐까?' 별의별 생각을 하며 또 소설을 쓴다. 그러면 조그마한 문자라도 의심스러워 보인다.

'어젠 고마웠어요. 다음에 또 만나요.'

이런 문자에는 의심할 만한 것이 아무것도 없지만 어쨌든 당신의 기분에 상당히 거슬린다. 남자에게 물어보면 거래처 직원이거나 아는 동생쯤으로 둘러댈 것이 뻔한 문자다.

이제 당신은 매번 휴대폰을 확인하지 않으면 직성이 풀리지 않을 것이다. 호시탐탐 남자가 휴대폰을 놓고 자리를 비울 때마다 어떻게든 휴대폰을 훔쳐보려고 온통 신경을 쓰게 될 것이다.

게다가 지난번과 어떤 변화가 있는지까지도 체크하고 있을 것이다. 지난번과 다르게 '철수'란 사람과의 통화 횟수가 늘어난 것도 의심스럽고, 문자가 전혀 오지 않은 것도 의심스럽고, 혹시 내가 보낸 문자라도 지워져 있다면 더더욱 의심스럽다.

환영한다! 당신은 지옥문에 들어섰다.

우리는 보이지 않는 남자에 대해서 어떻게든 알아내려고 한다. 그가 말하는 학력이나 직업도 의심스럽고 어느 때는 나이도 의심스럽다. 나 말고 다른 여자가 있는지 제일 궁금하다. 셜록 홈스도 아니면서 그의 주변을 샅샅이 뒤지고 싶어진다. 이런 의심은 상대에게도 자신에게도 전혀 득될 게 없다. 서로 피곤해지기만 할 뿐. 들어서기는 쉽지만 빠져나가기는 바늘구멍보다 더 어려운 이 지옥문에서 대체 어떻게 하면 벗어날 수 있을까?

일단은 겉으로 보이는 그의 모습에서 느껴지는 것을 믿자고 생각해야 한다. 만약 정말로 의심스러운 사람이라면 무조건 시간을 끌도록 한다. 만나자고 하는 것도 몇 번 거절해보고 키스를 하려고 하면 거절해보고, 특히 섹스는 완전히 신뢰가 가지 않는다면 절대 허락하지 않는다.

이렇게 보이는 것에서부터 그 사람을 파악해나가라. 웬만하면 SNS의 연결고리도 갖지 말자. 또 상대방의 신상에 대해 너무 많이 알려고 들지도 말자. 남자의 이메일 비밀번호, 각종 웹사이트의 아이디 등은 알려고 하지 말고 자신의 것도 알려주지 말자.

지나친 공유는 화를 불러올 수 있다. 내가 스토킹을 할 수도 있지만 남자도 스토킹을 할 수 있다. 더구나 아직 정확히 사귀는 사이가 되었는지 혹은 결혼할 사이인지도 모르는 남자와 비밀번호까지 공유한다는 것은 상당히 위험한 일이다.

또 하나 주의할 것은 주변 사람을 통한 탐문 수사다. 그 사람의 친구, 가족 등의 연락처를 입수해서 여차할 때 전화를 걸어서 물어보는 것이다. 이 행위는 이별을 각오한 사람만이 할 수 있는 권한이 있다. 남자와 굳이 헤어질 생각이 아니라면 절대 해서는 안 되는 행동이다. 그 남자와 내게 질문을 받은 그의 주변 사람, 나 자신, 이렇게 3명의 관계가 완전히 파괴될 위험이 있기 때문이다. 그 관계의 파괴를 각오한 뒤에 물어보는 것이 좋다.

　작은 스토킹이라도 일단 시작하면 중독이 되고 헤어나올 수 없다. 보여주는 만큼만 알고 보이는 것으로 판단해도 충분하다. 뭐 하러 굳이 그 사람의 세세한 사정까지 알려 하고 의심하고 불안해하는가? 당신의 불안감을 해소해주지 못하는 남자라면 차라리 헤어지고 다른 사람을 만나라. 시간 낭비, 감정 낭비 외에 아무것도 득될 게 없는 게 바로 의심이고 스토킹이다.

기다리다 못해
물거품이
되지 마라

도대체 나 안 만날 때는
뭐 하는데?

'도대체 날 안 만날 때는 뭘 하는 걸까?' 이런 의문만큼 행복한 연애를 가로막는 괴물은 없다.

남자의 시간이 궁금한가? 사귀는 남자의 시간은 둘로 나눌 수 있다. '나와 함께 있는 시간'과 '나와 함께 있지 않은 시간'. 우리의 생각에 '나와 함께 있는 시간'은 언제나 행복하고 아무런 의심 없이 즐겁다. 그 시간을 어떻게든 늘리고만 싶다. 그러나 '나와 함께 있지 않은 시간'에 대해서는 왜 나와 함께 지낼 수 없는지, 지낼 수 없다면 내 생각은 얼마나 하는지, 내 생각을 할 수 없다면 얼마나 바쁜지, 바쁘다면 무슨 일로 바쁜지, 만약 바쁘지 않다면 왜 나를 안 만나는지, 바쁘지도 않은데 나를 안 만난다면 나를 그만큼 덜 좋아하는 건 아닌지, 나를 그만큼 덜 좋아한다면 혹시 다른 여자가 있는 건 아닌지, 별별 생각이 꼬리에 꼬리를 물고 이어진다.

　혹시 이런 생각의 악순환에서 괴로워하고 있었다면 앞으로는 '나와 함께 있지 않은 시간'에 대해서는 생각하지 말자. 여자의 입장에서는 연애 감정을 갖고 있다면 '나와 함께 있지 않은 시간'에 대해서조차 어떻게든 구속하고 싶어 한다. 그래서 '말없이, 연락 없이, 문자도 없이, 어디서 도대체 무엇을 하는지' 궁금증을 해소하기 위해 직접 물어보기도 하고, 그래도 알 수 없으면 다른 친구에게 물어보기도 하고, 심지어 그 남자를 전혀 모르는 내 여자친구에게 그 남자가 무엇을 하고 있을지 추측해보라고도 한다.

　그러나 그가 '나와 함께 있지 않은 시간'은 정말로 바쁘든 나를 속이고 다른 여자를 만나든 결과적으로 '나와 함께 있지 않은 시간'일 뿐이다. 단적으로 말해 '나와 함께 있는 시간'을 늘리지 않는 사람에게 나의 비중이 작은 것은 당연하다. 떨어져 있어도, 만나는 횟수가 적어도, 함께 있을 때 잘하는 사람은 그 시간만큼은 나에게 충실한 게 맞다. 그러나 그 이상의 시간을 보내지 않는 건 분명히 딱 그만큼만 나를 좋아하는 것이다.

　나에게 더 많은 시간을 내주는 남자를 원한다면 지금 만나는 남자에게 '함께 있는 시간'을 늘려주길 바라기보다는 '함께 있는 시간'이 긴 남자를 만나면 된다. 단지 함께 있지 않은 시간에 대해서 긍정적인 생각과 부정적인 상상을 오가며 괴로워하지만 않으면 된다.

당신이 중요하게 여기는 것이 그가 당신과 얼마나 오래 함께 있는지, 그 시간을 어떻게 보내는지라면 그것만 보고 판단해도 괜찮다. 다만 내가 모르는, 함께 있지 않은 시간에 대해서 상상의 나래를 펼쳐가며 괴로워하지 마시라. '나 안 만날 때는 뭐 하는데?'라고 상대방을 다그치기보다는 차라리 다른 남자를 찾는 노력을 하는 것이 더 나은 행복을 손에 넣는 지름길이다.

기다리다 못해
물거품이
되지 마라

여자를 두 번 울리는 말,
그는 당신에게 반하지 않았다

〈그는 당신에게 반하지 않았다〉가 처음에 책으로 나오더니 얼마 전에는 영화로도 나왔다. 책도 영화도 인기를 끌었던 만큼 이 말도 상당히 유행하고 있다.

여자의 고민을 단번에 설명하는 듯한 말, '그는 당신에게 반하지 않았다'. 그러나 이 말에 당신의 기분은 한 번 더 나빠진다. 어떻게 그 한마디로 이 모든 게 설명되지? 그리고 반하지 않은 건 알겠는데 어쩌라고? 이미 남자에게 상처는 상처대로 받았는데 이 말에 한 번 더 상처받는다.

나도 이 말을 별로 좋아하지 않는다. 이 말이 희망은 단칼에 없앨지 모르지만 그렇다고 대책을 설명해주지는 않으니까. 차라리 이 말을 이렇게 바꾸면 어떨까?

'당신이 앞서 나가고 있습니다.'

예를 들면 이렇다. 남자는 아직 친구로만 생각하는데 여자는 애인으로 생각하고 있다거나, 남자는 애인 정도로만 생각하는데 여자는 이미 결혼을 전제로 생각하고 있는 등 여자가 한 단계 앞서 있는 경우다. 당신이 앞서 나가 있으니 남자는 더 이상 노력할 게 없는 상태가 되어버린다.

그렇다면 이럴 땐 어떻게 해야 할까? '그는 당신에게 반하지 않았다'니까 헤어지면 된다고? 아니면 남자가 헤어져달라고 절규를 하고 있는 걸까?

아니다! '당신이 앞서 나가고 있다'라는 건 남자의 관심도보다 당신이 한 단계 앞서 있는 것이니 남자가 자신의 관심도만큼 따라오게 하거나 더 관심이 많아지도록 하면 얼마든지 잘 될 수 있다. 앞서도 말했듯 남자의 관심도보다 나의 관심도를 낮추기만 하면 되는 일이다. 남자가 친구 정도로 생각한다면 친구 이하로, 결혼할 생각이 없다면 애인 이하로.

영화 '그는 당신에게 반하지 않았다'에서도 실제 그렇다. 남자의 관심보다 자신의 관심이 앞서 있는 것을 여자들이 안 후에는 남자의 곁을 떠난다. 그런데 남자들은 여자들보다 더 앞선 관심을 가지고 돌아온다. 나의 관심도를 낮추는 것이 나에게 반하지 않았던 남자가 내게 반하도록 만드는 방법이다.

'그는 당신에게 반하지 않았다.' 이 말은 그나마 상냥한 말로 설명해주기조차 싫은 남자들이 무책임하게 하는 말은 아닐까. 우리는 이 말에 휘둘려 두 번 상처받을 필요가 없다. 단지 내 감정이 남자보다 조금 앞서 있는 것뿐이다. 그리고 이것은 남자들도 좋아하는 여자에 대해서 흔히 하는 실수이기도 하다. 절대 여자들만의 문제가 아니다.

기다리다 못해
물거품이
되지 마라

식어버린 남자의 마음을
되돌리는 법

처음부터 '먼저 연락하지 않기', '연락은 1/3만 받기', '용건만 간단히!'를 꾸준히 실천해왔다면 당신에게 흥미가 없는 남자는 당신이 모르는 사이에 떨어져나갔을 테고 당신의 남자라면 관심도가 1단계(관심이 많다)로 유지되는 것을 느낄 수 있을 것이다.

보통의 여자들은 이미 남자의 관심도가 2단계(그럭저럭 관심 있다)나 3단계(관심 없다)로 떨어졌을 때 많이 상담해온다. '어떻게 하면 남자의 마음을 예전처럼 돌이킬 수 있을까요?', '연락 안 하면 티 날 것 같은데, 정말 안 해도 돼요?', '지금부터 먼저 연락 안 하기를 실천해도 괜찮을까요?', '연락이 끊어지면 어떻게 하죠?' 등등. 또 남자가 이미 연락도 잘 안 할뿐더러 데이트다운 데이트를 하는 것도 꺼리고 결혼 얘기도 없는, 아주 무미건조한 단계에 이르러 낭만 세포가 장례식을 치르고 있을 즈음까지 와서야 '어떻게 하면 이 남자의 마음을 돌릴까요?'라고 묻는 사람도 있다.

그런 사람은 마치 고3이 되어서 대학은 가야 하는데 이제야 요령을 알아서 어떻게든 제대로 공부를 해보자고 덤벼드는 모습과 다를 바 없다. 연락 안 하기 등 기초부터 착실히 하고 왔다면 좋으련만 갑자기 하려니 스스로가 어색한 것이다.

희소식 하나! 의외로 남자들은 연락에 대해서 둔하고 연연해하지 않는다. 당신이 남자를 만나는 것을 거절하지만 않는다면 당신에게서 하루에 몇 번씩 전화가 오는지 본인이 얼마나 거는지도 그다지 신경 쓰지 않을 확률이 높다.

당신은 이미 매번 누구를 만나든 연락에 대해서 민감해질 대로 민감해진 상태라서 한 시간에 한 번도 휴대폰을 안 본다는 것은 있을 수도 없는 일이다. 그래서 연락에 둔감한 상태를 절대 이해하지 못한다. 이 상태를 이해하려면 당신도 연락에 둔감한 상태가 되어봐야 한다. 갑자기 연락을 안 하는 것은 당연히 힘들다. 연락도 무서운 중독이기 때문에 갑자기 끊기는 어렵다.

일단 가장 손쉬운 방법을 먼저 실행해보기를 당부한다. 연락의 규칙을 스스로 깨는 것이다. 예를 들면 모닝콜, 자기 전에 꼭 전화하기, 하루에 두 번 이상 전화하기, 회사 끝나고 나올 때 전화하기 등 지금까지 꼭 해야 한다고 생각했던 연락의 규칙을 스스로 깨보자.

모닝콜? 매일 안 한다고 큰일 나지 않는다. 밤에 자기 전에 전화하기? 몇 시에 잘지 서로가 모르는데 꼭 자기 전에 해야 한다는 규칙은 대체 누가 만든 건가? 하루에 두 번 이상 전화하기. 이건 무슨 할당제도 아니고 통신법도 아니고 한 번을 할 때도 있고 안 할 때도 있고 열 번을 할 때도 있는 것 아닌가. 점심 먹을 때, 저녁 먹을 때, 회사 끝날 때 그런 마무리 마무리 때마다 문자하고 전화하는 습관도 이제 깨버리자. 당신에게 연락하지 않으면 안 된다는 강박 때문에 어디 일이라도 제대로 하겠는가?

남자에게서 오는 연락은 그냥 놔둬라. 그렇다고 남자에게 이제부터 이런 거 안 하겠다고 큰 결심한 듯 미리 말하고 실행하는 건 효과가 없다. 스스로 결정하고 조금씩 실행하라. 처음에는 불안할 수도 있다. 늘 전화하던 시간이 되면 괜히 어색하기도 하고 '늘 내가 이 시간이면 문자를 넣었는데 안 넣으면 그가 의심하지 않을까?' 싶은 생각도 들 수 있다.

그러나 원래부터 연락에 민감하지 않았던 남자들은 자연스럽게 당신의 규칙에 적응할 것이다. 그러면 연락이라는 문제에서 자연스럽게 벗어날 수 있다. 그런 후에 '먼저 연락 안 하기, 연락은 1/3만 받기, 용건만 간단히!'를 지키면 된다.

자, 이렇게 해도 남자가 더 나아지지 않는 것 같다면 좀 더

센 방법을 써보자. 이 방법은 사귄 지 6개월에서 1년쯤 된, 어느 정도 유대관계가 있는 상태에서 가장 효과가 좋다. 이때, 가장 주의해야 할 점은 남자에게 '내가 이렇게 하면 날 좋아할래?'라든지 남자에게 당신이 어떤 방법을 시작하고 있다고 알려주어선 안 된다는 것이다.

당신이 그에게서 연락을 끊고 완전히 사라져보라. SNS나 블로그를 그 남자가 알고 있다면 업데이트도 중단한다. 중요한 것은 당신이 이 세상에서 존재하는지 아닌지 모를 정도로 사라지는 것이다. 그렇게 일주일, 혹은 한 달이 지나면 그 남자에게서 문자가 오거나 전화가 올 것이다.

문자가 왔다고 치자. '잘 지내?'나 '요즘 어떻게 지내?'라며 당신의 안부를 묻는 문자일 것이다. 절대 대답을 해서는 안 된다. 여기서 대답해버리면 당신이 그 남자의 연락을 애타게 기다리고 있던 게 모두 들통나서 그간의 수고는 물거품이 된다. 그 후에 두 번째 문자나 전화가 올 때까지 기다리는 게 좋다. 바로 한 시간 후가 될 수도 있고 하루 후가 될 수도 있다. 두 번째가 문자인지 전화인지 무엇이냐에 따라 다르겠지만 문자라면 문자를 받고 한 시간 후, 전화라면 받지 않았다가 한 시간 정도 후에 문자로 아무렇지도 않게 대답한다. '잘 지내' 하는 안부인사의 답 정도면 된다.

그때부터 남자는 문자나 전화를 자주 할 것이다. 이 내용이 어떤 것이냐에 따라 대응이 달라진다. '널 정말 좋아해', '그동안 보고 싶었어' 등 감정적인 말에는 답을 하지 않는다. 전화도 받지 않아도 된다. 혹시 그 사이 메일이 올 수도 있다. 일단 침묵을 지켜야 한다. 그러다 그가 당신이 정말 좋아하는 것을 제안할 때 반응을 보인다. '너 좋아하는 스테이크 먹으러 가자', '놀이동산 가자', '이번에 네가 좋아하는 ○○○가 나오는 영화 하는데, 보러 가자', '너 좋아하는 구두 사줄게' 등등. 남자는 당신이 반응이 없고 시큰둥한 사이에 당신을 잃을까 불안해하며 무엇을 해야 당신이 기뻐할 것인가를 열심히 찾을 것이다. 그가 찾은 게 당신이 좋아하는 것이라면 답을 해준다. '스테이크 먹으러 언제 갈까?', '놀이동산은 언제 갈까?' 하는 식으로. 그렇게 해서 남자가 주도하는 데이트를 즐기고 아주 고마웠다고 말해주길.

    이때 데이트를 할 때는 두 사람 사이에서 어떤 변화도 없다는 듯 예전처럼 행동해야 한다. 당신은 그저 그동안 조금 바빠서 남자에게 연락을 못했던 것이고 마음은 변함없다는 것을 보여주면 된다. 그러면 남자의 관심도는 1번, 아주 관심이 많은 단계로 돌아와 있을 것이다. 남자는 혹시나 자신에게서 멀어지려 한 건 아닌지 걱정했었는데 여전히 자신을 좋아한다는 데 안도감을 느낄 것이다. 이때부터 당신은 '먼저 연락하지 않기, 연락 1/3만 받기, 용건만 간단히!'를 실행해가면 된다.

이 방법들을 이해할 수 없다면 당신 입장으로 바꿔서 생각해보면 쉽다. 사귄다고 생각했던 남자가 좀 귀찮던 차에 연락이 하루 정도 오지 않는다. 처음엔 편하다고 생각할지도 모르지만 다음 날도, 또 그 다음 날도 연락이 없고 미니홈피나 블로그도 업데이트가 안 된다. 당신은 그제야 그 남자의 존재가 비어 있음을 감지하고, 그 남자와의 일들이 즐거운 기억으로 떠오르며 혹시 나를 떠나지 않을까 불안해질 것이다. 그래서 연락해보면 답이 없고, 또다시 해보았더니 평범하게 답이 온다면? 답답한 당신은 그 남자를 위해서 무엇을 할까 생각하다가 전에 김밥을 좋아하던 것이 생각나서 김밥을 만들어서 그 남자 집 앞으로까지 찾아가지 않을까?

이런 과정을 남자가 그대로 느끼도록 해주는 것이다. 만약 당신이 또 너무 많이 연락하고 자주 만나서 남자의 관심도가 떨어졌을 때 다시 사용하더라도 효과는 같다.

풍단도의 체험기

결혼 적령기는 지났지만
어떤 남자를 만나느냐가 더 중요했다

사실 내 인생은 이 책을 만나기 전과 만난 후로 나뉜다고 해도 과언이 아니다. 2009년 가을, 이 책을 처음 접하자마자 삶이 마구 변하지는 않았지만, 단 한 가지 확고한 의지가 생겼다면 그것은 '내가 행복한' 연애를 하겠다는 생각이었다.

　그전까지 나는 남자에게 헌신하고 희생하는 것만이 단 하나의 사랑의 형태라고 여기며 스스로를 극단으로 밀고 나갔고 그 결과는 매번 좋지 못했다.

　마음에 깊은 상처를 입고, 자존감은 바닥으로 떨어졌지만 그 이유는 여전히 알지 못했다. 왜 내가 좋아해서 그 사랑을 베푸는데 관계는 어그러지기 시작하는 것일까?라며 당연히 힘들고 어려운 사랑의 단계에 올라가야 진정한 사랑의 모습이며 그것이야말로 남들보다 더 내세울 수 있는 나의 에너지, 열정이라고 생각했다.

　그러나 이 책을 접하고 인공카에 가입을 하고 많은 분들의 이야기를 5년째 접하면서 그 생각이 얼마나 불완전하며 남녀의 차이를 모르는 상태에서 나온 좁은 식견인지 새삼 깨닫게 되었다. 지금도 하나씩 터득해 나가고 있는 그 깨달음은 남자와의 만남 이전에 먼저 나를 아끼는 내 마음가짐과 행동으로 조금씩 구체화되었다.

    2013년 봄에 결혼하기까지 몇 년은 하고 싶은 일에 몰두 하느라 결혼에 관심을 가지지 못한 때도 있었고, 어떤 해는 만남만 숱하게 가진 채 연말엔 '미혼의 어둡고 긴 터널'을 여전히 걸어가는 나를 발견할 때도 있었다. 그러나 '언제 결혼하느냐'보다는 '어떤 사람과 어떤 연애를 하고 결혼하느냐'가 중요하다는 것을 알았기에 묵묵히 만남을 지속할 수 있었다.

    나는 두 가지, 연락에 관하여 초연해지는 것과 남자의 행동을 보는 것에서부터 이미 많은 변화가 이루어졌다고 본다. 물론 하루아침에 얻을 수 있는 변화는 아니다. 또한 연락법칙이라는 단어만을 가지고 설명되는 것은 더더욱 아닐 터이다. 책에 나온 몇 가지 지침은 요령이 아닌 근거가 분명한 행동이니까. 다행히 결혼 후에도 연애 때와 다름없이 이 두 가지는 함께 꾸준히 지켜가고 있다.

    연애 때나 결혼 이후라도 남자의 행동을 보게 되면 안 보이던 것도 보이게 되고 깨닫는 게 있다. 그동안 달콤한 말로만 연애했던 과거의 연애가 참 부끄럽게 느껴지는 것. 결혼 이후도 역시 마찬가지다. 결혼으로 무언가가 종결되는 것이 아니라 연애가 바로 시작이며 연애 때의 관계 설정이 결혼 이후에도 지속되며 사실은 그것이 평생을 가게 된다는 것을 알게 되었다.

결혼 생활이 하루하루 쌓여 갈 때마다, 남편의 변함없는 행동을 통해 '아, 이런 게 사랑받는 것이며 여자로서 행복하다는 것이로구나!'라는 만족감이 점점 늘어날 때마다, 이래서 연애가 중요한 것이라는 생각을 거듭 한다. 그러니 이 중요한 연애를 어찌 소홀히 할 수 있을까?

남자와 여자는 너무도 다른 세계를 지금까지 이루어 오고 있다. 그 다름을 인정하고 진정한 여성스러움에 대한 눈을 뜬다면 새가 알을 깨고 나오는 것과 같은 세계를 만나게 될 것이다. 피오나 님은 지금까지 누구도 다루지 않았던 연애의 소중한 가치에 대해 이야기하고 있다. 그것이 결혼한 뒤에도 내가 여전히 그 이야기들을 확인하고 재발견하며 '평범한 여성스러움'과 '나 자신의 행복'에 몰두하는 이유다.

이 책을 처음 접하는 여러분께 당부 드린다. 연애 때 남자가 보여주는 모습이 바로 남편의 모습이며, 가장과 아버지의 모습이다. 연애는 그만큼 중요하며 평생을 좌우하는 첫 단추와 같다. 그 훌륭한 첫 단추를 꿰는 데 정성을 들인 만큼 소중한 것을 얻게 될 거라는 사실을 기억하자. 그 노력에 대한 매뉴얼은 이미 책 속에 있지만, 중요한 건 어떠한 법칙이나 방법 이전에 나 자신이 연애와 인생에 대해 어떤 마음가짐을 갖고 피드백하며 실천하는가에 달려 있을 것이다. 시간이 좀 걸리더라도 그럴 만한 가치가 있는 일이다.

피오나의
인어공주
연애론

STEP

5

인어공주는 왜 결혼하지 못했을까

결혼을
꼭 해야 할까?

　　　　　　열심히 공부하고 열심히 일한 당신. 월급도 웬만큼 받고 좋은 친구들도 있고, 원하는 곳에는 언제든지 갈 수 있고, 몇 가지 취미생활도 즐긴다. '왜 결혼해야 할까?'라고 한 번쯤은 의문을 가졌을 테고 이대로 평생 살 만하다는 생각도 할 것이다. 주변의 의견도 엇갈린다. 아무리 그래도 결혼은 해야 한다고 단호하게 말하는 사람도 있고, 여자가 능력만 있으면 평생 혼자 살아도 좋을 것이라는 의견도 꽤 된다.

　　친척들이 모여서 모두들 왜 결혼 안 하냐고 공격해올 때도 누군가는 자신을 이해해주는 눈빛으로 "돈 많이 벌어 하고 싶은 대로 하고 살면 됐지. 뭐 하러 결혼해?"라고 거들어주는 사람은 꼭 있다. 내심 그런 사람들이 고맙기도 하다. 진흙탕에서

허우적거릴 때 손을 내밀어준 것처럼.

　진정 결혼은 안 해도 되는 것일까? 당신이 하루에도 몇 번씩 결혼을 해야 하느냐 마느냐 고민한다는 것 자체가 이미 결혼에 대한 필요성을 느낀다는 뜻이다. 정말로 결혼에 대해서 아무 생각이 없다면 결혼 자체에 흥미가 없어야 한다.

　하지만 당신은 결혼 이야기에 늘 신경이 쓰인다. 누가 결혼했다는 얘기를 들으면 결혼식이 언제인지, 신혼여행은 어디로 가는지, 남자는 무슨 일을 하는지 궁금하고 틈틈이 신랑을 자기 주변의 남자들과 비교하는 일도 게을리 하지 않는다. 그런 당신이 겉으로는 결혼에 관심 없다고 말하는 것은 모순이다. 솔직하게 인정하자. '좋은 남자를 만나서 결혼하고 싶다'고. 자신의 마음을 솔직하게 인정하지 않으면 아무것도 시작할 수 없다.

　이렇게 인정하고 나서 좋은 남자란 어떤 남자인지, 결혼이란 정녕 어떤 것인지 생각해보자. 좋은 남자에 대해서도 여러 가지 정의가 가능하다. 성격이 좋은 사람, 돈 많이 버는 사람, 잘생긴 사람, 키가 큰 사람, 인기가 많은 사람 등등. 진정 당신이 원하는 남자는 어떤 사람인가? 결혼에 대해서도 막연한 결혼이 아니라 결혼식은 어떻게 하고 싶고, 결혼생활은 어디에서 하고 싶고, 어떤 부부가 되고 싶은지 구체적으로 생각해보자.

　정작 본인이 결혼에 대해 솔직해지지 못해서 여기까지 생각을 발전시키지 못한 채 결혼을 해야 하나 말아야 하나만 고민해왔을 것이다. 주변의 연애나 결혼생활도 겉으로 보이는 모습만 보아왔을 것이다.

　이제부터 남들의 연애, 결혼생활에 대해서도 주의 깊게 보라. 어떤 사람이 행복하게 살고 어떤 사람이 불행하게 사는지. 그러고 나서 어떤 남자와 어떤 결혼생활을 하고 싶은지 생각해도 늦지 않다. 당신이 스스로에 대해서 솔직해질 때 비로소 행복이 시작된다.

인어공주는
왜
결혼하지 못했을까?

원나잇 스탠드가
과연 결혼에 도달할 수 있을까?

　남녀가 만나다 보면 많은 사건·사고들이 일어난다. 그중 가장 큰 사건이라고 하면 바로 '섹스'가 아닐까. '도대체 이 남자는 나에게 바라는 게 섹스밖에 없나?' '저 남자는 결국 나의 몸만 바란 거야.' '내가 애인인지 섹스 상대인지 도통 모르겠다.' 여자라면 누구나 이런 고민을 한 번쯤은 해봤을 것이다.
　우리나라 연애 풍조로는 섹스를 연애에서 일어나는 하나의 과정으로 생각하지 않아서, 섹스 후에도 전과 같은 관계를 유지할 수 있는 마음의 여유가 없다. 섹스를 하고 나면 어떤 형태로든 관계를 확정하려고 한다. 이 생각에 딴죽을 걸고 싶은 생각은 없다. 문제는 서로 애정을 확인하는 기간 없이 쉽게 이루어지는 '원나잇 스탠드'의 경우다. 평생 한 번도 일어나지 말라는 법은 없으니까.

　이런 경우 여자들은 심한 피해의식을 가질 수 있다. 상대 남자가 마음에 들 경우, 원나잇 스탠드 이상의 의미를 부여하려고 할 수도 있다. 혹시 그 남자와 애인이 될 수 있지 않을까, 그래서 심지어 결혼할 수도 있지 않을까 하는.

　단언컨대 원나잇 스탠드 후에는 아무것도 기대하지 않는 게 좋다. 단 1퍼센트도! 원나잇 스탠드 후의 대응 태도는 오로지 한 가지다. 공손한 태도로 인사를 하고 헤어진 후에 '먼저 연락하지 않기'. 섹스에 대해서 가볍게 생각하라는 의미가 아니다. 어쩌다 벌어진 '사고'에 대한 대응법이다.

　여자들은 감정이 움직이지 않으면 섹스에 응하지 않기 때문에 원나잇 스탠드의 상황에서도 남자에게 호감 이상의 감정을 느낄 수 있다. 그러나 남자의 마음의 무게를 알기는 어렵다. 남자의 마음에 확신이 없을 수도 있다. 그런 상황에서 여자가 어떤 행동을 취하면 오히려 역효과가 난다. 만약 그 후에 남자에게서 연락이 온다면 그건 연인이 되자는 사인이 아니라 '좋은 친구'가 되자는 사인 정도로만 생각하고 가볍게 만나거나 거절하면 그만이다.

　원나잇 스탠드 후에 마음은 복잡하고 간혹 죄의식이 느껴질지도 모른다. 그냥 살아가면서 겪는 하나의 사건이라고 생각하고, 만약 원나잇 스탠드가 즐거웠다면 자신만의 은밀한 추억으로 생각하자. 상대 남자에게 그 이상의 기대는 갖지 말고 '난 더 이상 너에게 관심 없어'라는 당당한 태도를 취하라. 자존심을 지키자는 말도 아니고 남자의 마음을 움직이려는 의도가 있는 것도 아니다. 여자로서 원나잇 스탠드에 상처받지 말자는 의미다.

세상에는 많은 남자들이 있고 그 남자들 중에는 당신에 대해 각각 다른 시각을 가진 사람들도 있다. 여자이기 때문에 남자들이 '성적 매력이 있는 상대'로 느끼는 것에 대해서 당신이 책임의식을 가질 필요는 없다. 하지만 여자를 '성적 상대'로만 생각하는 남자들도 분명히 있다. 그런 남자들은 당신뿐만 아니라 모든 여자들을 그런 시각으로 보는 사람이기 때문에 설사 원나잇 스탠드 후에 거리를 두고 멀리해도 아쉬운 상대는 절대 아니다.

'속도위반 결혼' 해도 될까?

요즘에는 배 속의 아기가 '혼수'라는 말이 있을 정도로 사회적으로도 '혼전 임신'에 대해서 관대해졌다. 혼전 임신을 도덕적인 잣대로 평가할 생각은 없다. 다만 혼전 임신이 두 사람 관계에 미칠 영향에 대해 생각할 필요는 있다고 본다.

혼전 임신이란 정확히 말하면 결혼식을 올리기 전에 임신을 한 경우다. 조금 더 정확히 하기 위해서는 두 사람 사이의 계획 임신인지 무계획 임신인지를 먼저 알 필요가 있다.

우선 우리나라에서 거의 일체화되어 있는 '혼인신고', '동거', '결혼식'을 구분해보자. 가장 이상적인 것은 이 세 가지가 한꺼번에 이루어지는 경우다. 물론 사정에 따라서는 결혼식과 동거가 함께 이루어지고 혼인신고가 늦어지는 경우도 있고, 때에 따라서는 동거가 먼저 일어날 수도 있다. 혼전 임신이라고 하면 남들이 보기에는 결혼식 전에 임신한 것을 말한다. 그러나 정작 본인들 사이에서 과연 언제 일어난 일인지를 짚어봐야 한다.

결혼을 정한 후에 계획을 한 상태의 혼전 임신이라면 괜찮다. 문제는 임신을 했기 때문에 결혼을 하는 경우다. 이 경우에는 아기를 빌미로 너무 큰 리스크를 여자가 떠안아야 한다. 앞서도 얘기했지만 남자들은 결심을 해야 프러포즈를 하고 여자와 평생 살 생각을 한다. 그런데 그런 생각을 하기도 전에 임신이 되어서 떠밀려서 결혼한다는 것은 행복과는 거리가 멀어지는 일이다.

드라마에서도 종종 임신을 빌미로 남자를 평생 묶어두려는 여자들이 나오고, 또한 자신에게 관심 없는 남자일지라도 임신을 하면 변할지 모른다는 기대를 하기도 한다. 크나큰 착각이다.

여자에게 임신은 바로 모성애를 느낄 수 있는 것이지만, 남자에게 아기란 책임감부터 느끼게 하는 존재다. 다시 말하면 애정을 가진 여자에게 책임감을 확실히 가진 상태에서 계획한 아기에 대해서만 책임감을 느낀다는 얘기다.

애정과 책임감은 다르다. 애정이 느껴지는 것이라면 책임감은 스스로 결심을 해야 하는 것이다. 스스로 결심하지 않은 상태에서 떠맡겨진 책임감은 자신을 괴롭히고 불행하게 할 뿐이다. 그런 불행한 남자 옆에 있으면 여자도 불행해진다.

'속도위반 결혼'은 단지 결혼식 전에 임신을 했느냐 아니냐를 따지기보다 남자가 어떤 생각을 갖고 있을 때 임신을 했는지가 중요하다. 그러므로 피임은 남자가 아니라 여자를 보호해주는 장치임을 절대 잊어서는 안 될 것이다.

인어공주는
왜
결혼하지 못했을까?

동거,
해도 될까?

　　　　　동거, 이만큼 달콤 쌉싸래한 말이 또 있을까? 아직까지 우리나라에서는 동거의 이미지가 좋지 않은 게 사실이다. 그런데 주위를 보면 가끔 동거를 하는 사람들도 있다. 과연 우리나라가 아직 보수적이라서 동거를 나쁘게만 보는 것일까? 다른 나라처럼 동거도 떳떳한 사회가 되는 게 좋을까?

　만약 당신의 남자친구가 어느 날 갑자기 '결혼은 하고 싶지만, 아직 형편이 안 되니 동거할래?' 혹은 '결혼은 무슨 결혼, 우리 쿨하게 동거나 하자' 혹은 '지금 각자 따로 사는 게 비싸니까 같이 합칠래?(남녀가 각각 혼자 사는 경우)'라고 말한다면? 당신은 기뻐하며 '예스'라 할까, 망설이게 될까. 대부분의 여자들은 망설인다. 그게 당연하다. 혹시나 당신이 아직 개방적인 사람이 못 되어 거부감이 드는 것이라고 생각해선 안 된다. 여자로서는 본능적으로 결혼이란 형태에 대해 안정감을 느낀다. 그러니 당연히 같이 살기만 하는 것에 대해서는 불안할 수 있다.

'결혼=동거'는 절대 아니다. 결혼이란 남자의 책임감을 동반하는 일이다. 여자에게도 책임감이 없는 것은 아니지만 남자의 책임감이 좀 더 크다. 동거를 한다면 남자의 책임감은 거의 없다고 볼 수 있다. 자칫하다간 동거야말로 남자에게는 책임 없이 여자의 섹스와 가사 노동을 제공받는 형태가 될 수도 있다.

동거가 결혼의 단점을 커버하는 하나의 대안으로 제시되기도 한다. 그러나 이 동거가 여자들에게 얼마나 상처를 주어왔는지 모른다. 동거를 하다가 헤어지면 법적인 보호가 없다. 위자료도 받지 못한다. 물론 요즘 세상에 위자료 같은 돈 얘기는 구닥다리일지도 모르지만, 어쨌든 동거에서 여자가 얻는 이점은 없다. 동거는 결혼보다 불안한 관계이기 때문에 여자가 원하는 안정감이 부족하다.

나는 케케묵은 조선시대 유교사상을 들먹이는 것도 아니고 보수파도 아니지만, 아직 우리나라가 동거에 대해서 관대하지 않은 것이 다행이라고 생각한다. 정 동거를 해야겠다면 남자가 이 여자를 평생 책임지겠다는 결심을 하고 그것을 주위에 공표한 후 시작하는 것이 조금 더 안정적이다. 그렇지 않고서는 경제적인 문제를 떠나서 여자에게 정신적인 상처만 남기는 결과를 줄 수 있다.

결혼식 후에 같이 사는, 모든 절차를 제대로 밟아가는 것이 여자가 덜 상처받는 방법이란 것을 잊지 말자.

불륜은
절대 로맨스가 될 수 없어

　　　　　　오늘도 불륜 때문에 고민하고, 불륜의 후유증에 시달리고, 불륜의 결과 때문에 괴로워하고, 혹시 이게 불륜의 시작이 아닐까 애태우는 분들이 얼마나 많을지. 흔히 여자는 바람피우면 도망가지만 남자는 돌아온다고 한다. 왜일까?

　불륜도 남자가 유부남인가, 여자가 유부녀인가에 따라서 다르다. 우선 보편적인 경우로, 남자가 유부남인 경우를 예로 들어보자. 유부남이란 입장은 여자에게 절대로 적극적으로 다가갈 수 없는 상태다. 남자는 여자를 24시간 쫓아다닐 수 없고, 죽어라 먼저 전화를 할 수도 없고, 원하는 시간에 만날 수도 없다. 그런 사소한 이유들이 여자를 괴롭히게 될 것이다.

간단히 얘기하자면 처음 만난 후 길게 봐서 6개월 안에 부인과 이혼할 의지가 없어 보인다면 헤어져라. 더 이상 가봤자 끝이 구질구질할 뿐이다. 남자는 이미 다른 여자에게 '책임'을 다하고 있고, 당신을 책임질 의사는 없는 상황이기 때문이다.

착한 당신이 이해해주면서 만난다고 해도 남자는 부인에게 돌아가거나 최악의 경우 제3의 여자를 만날 것이다. 당신이 여자인 이상, 당장은 아니더라도 결혼해서 행복하게 살 꿈이 있다면 결혼이란 대전제는 아주 중요하다. 결혼의 가능성이 배제된 사람과 만난다면 결국 당신만 상처 입을 것은 너무나 자명하다.

유부녀인데 바람을 피운다는 것은 이미 남편에게서 마음이 떠난 상태라고 볼 수 있다. 여자는 한 남자에게 마음을 준다. 무엇인가 남편에게 부족함을 느꼈으니 그로 인해 다른 남자와 사랑에 빠지게 된 것이다. 그러니 남편을 버리고 떠난다고 할 수 있다. 여자에게 책임이란 것은 없다. 오로지 좋아하는 감정이 우선시된다. 이때 조심해야 할 것 한 가지! 상대 남자에 대해서 정확히 알아야 한다. 남편보다 당신을 더 사랑하는지, 당신을 책임질 의사가 분명히 있는지 알아야 한다. 그런 확인도 없이 남편을 떠난다면 당신은 당신을 책임지지도 않을 남자 때문에 남편을 버리게 된다.

물론 사랑이 중요하다고 생각할 수도 있다. 그러나 궁극적으로 여자가 원하는 것은 사랑 너머의 안정감이다. 안정감이 충족되지 않으면 결국 여자는 불행해진다.

아무리 '남이 하면 불륜, 내가 하면 로맨스'라지만 결혼의 가능성이 완전히 배제된 불륜은 절대로 시작하지 않는 것이 좋다. 당신은 평범한 여자이고, 당신을 기다리는 것은 이 세상에 흔히 있는 평범한 나쁜 결말밖에 없으니까.

인어공주는
왜
결혼하지 못했을까?

바람피운 남자는
용서할 필요도 없다

　　　　　남자의 바람에 대해서 '남자의 바람은 한 번쯤 있을 수 있다', '한 번 바람피운 사람은 계속 피운다', '여자가 꼬리쳤을 거야', '남자는 결국 조강지처에게 돌아오게 되어 있다' 등등 떠도는 말이 수없이 많다. 놀라운 것은 대부분 남자의 바람에 대해서 한 번쯤은 용서해줘야 한다는 관대한 내용이 많다는 사실이다. 내가 생각하기에 이것은 '남자의 변명'과 '여자의 관대함'이 빚어낸 결과라고 본다.

　　일단 당신과 그 남자의 관계에서부터 짚어보자. 남자는 당신의 연락도 잘 받지 않고 데이트 비용은 당신이 더 많이 내고 딱히 결정적인 고백도 없어서 사귀자는 말도 당신이 먼저 했다. 그런 남자가 바람을 피웠다면? 당신은 그 여자가 당신보다 더 잘해줘서 바람을 피웠을 테니, 당신이 더 잘해주면 남자는 돌아올 것이고, 분명히 여자가 먼저 꼬리를 쳤을 것이라고 생각할 것이다. 착하고 우유부단한 남자가 넘어갔을 것이라고. 남자들은 한 번은 바람피운다는데 용서해주자고.

　이번에는 정반대 경우다. 당신보다 먼저 열심히 연락하고 데이트 비용을 전부 부담하면서 당신에게만 집중했던 남자가 다른 여자를 만났다면? 그 남자가 구애할 때 어땠는지를 너무나 잘 알고 있는 당신은 생각할 것이다. 당신에게 그렇게 열심이었던 남자가 마음이 변해버린 것이라고, 당신에게 애정이 없으니까 그럴 수 있는 것이라고. 당신은 여자가 먼저 꼬리쳤을 것이라고는 생각하지 않는다. 남자가 먼저 접근했을 것이고 여자를 꾀어낸 남자의 잘못일 것이라고 생각한다. 남자는 자신의 의지가 아니었다고 할 것이다. 술에 취해서 정신이 없었다고. 하지만 이 모든 상황에서 남자의 결심이 작용했다고 생각한 당신은 그 남자와 헤어져야 한다고 생각할 것이다.

　남자의 바람은 용서해야 하거나 용서할 수 없는 것이 아니라 용서할 필요가 없는 것이다. 여자와 단둘이 있게 되는 것은 절대로 의지 없이 되는 상황이 아니다. 어느 정도 본인의 의지가 있지 않고서는 여자와 둘이 있을 수 없고 스킨십도 나눌 수 없다.

　용서한다면 누구에게 득이 될까? 이미 당신에게서 관심이 멀어진 남자임에 틀림없다.

　물론 당신이 용서를 선택할 수 있다. 그럴 때엔 각오를 해야 한다. 이미 당신을 향한 남자의 관심이 식었음을 인지하고 어떠한 것도 그에게 요구해서는 안 된다. 만회하기 위해 남자와 특별한 데이트를 하려 할 수도 있고 더 노력하려 할 수도 있다. 그러나 이런 노력은 남자에게 아무런 효과가 없다. 그냥 남자 쪽에서 먼저 접근해올 때만 받아주면 된다.

　한번 금이 간 관계에 도움이 되는 접착제 같은 것은 없다.

바람둥이가
정신을 차릴 확률

　　　　　　전혀 상반된 이야기 두 가지. 바람둥이는 절대 정신을 차리지 못한다는 얘기와 여자를 제대로 만나면 바람둥이도 일편단심하게 된다는 얘기. 어느 쪽이 진실일까? 둘 다 진실은 아닐까.
　　바람둥이는 일단 여자들이 좋아하는 조건을 갖추고 있다. 꼭 미남은 아니더라도 호감 가는 외모와 매너, 더불어 경제력도 어느 정도 갖추었다면 대강 구색은 갖춘 셈이다.
　　그렇다면 왜 바람둥이가 되느냐? 여자들이 먼저 접근을 하는 경우가 많으니까! 그 경우 남자는 속성상 선별하는 작업(?)을 안 할 테니 늘 주변에 여자가 넘칠 수밖에. 본인의 노력으로 여자를 사귈 필요가 없으니 그 메커니즘에 금세 길들여진다. 끊임없이 여자는 있고 본인은 별 노력을 하지 않아도 되는 게 일생 동안 반복될 수도 있다. 결혼을 하더라도 여자 쪽에서 재촉해서 하게 될 확률이 높다.

그런데 어느 날, 바람둥이 앞에 이런 여자가 나타난다. 자신의 취향인데 절대 자신에게 관심을 안 보이는 여자. 바람둥이 남자는 왜 그 여자가 자신에게 관심을 안 보이는지 이해도 안 가고 궁금하기도 해서 자신이 먼저 접근을 시도한다. 그래도 이 여자는 쉽게 만나주지 않는다.

바람둥이 남자는 그 여자를 만나려고 여러 번 연락도 하고, 꼭 만나고 싶다는 말도 해본다. 겨우 만나게 된 그녀는 역시나 관심이 있는지 없는지 애매한 태도다. 바람둥이 남자는 그녀가 자신에게 관심을 보이도록 여러 번 데이트를 신청할 테고, 그렇게 점점 그녀의 마음을 얻어가는 과정에서 기쁨을 얻게 된다. 지금까지 자신을 쫓아다니던 여자들에게서 느끼는 것과는 전혀 다른 기쁨이다. 그녀는 바람둥이 남자에게 이 세상에서 단 하나의 여자가 된다. 그리고 바람둥이 남자는 평생 다른 여자를 바라보지 않게 될 수도 있다.

추측한 것이긴 하지만 바람둥이가 정신을 차릴지 여부는 말 그대로 어떤 여자를 만나느냐에 따라 달라질 것이다. 그러니 무조건 바람둥이 남자만을 비판할 수도 없다. 바람둥이 남자가 여자의 소중함을 알 수 있도록 모든 여자들이 대해줬다면 바람둥이도 금방 정신 차리지 않았을까?

보통 남자들 사이에서는 여자를 꾀는 일은 아주 힘든 것이고 더구나 결혼하기까지는 더 어렵다고 생각한다. 그런데 그렇게 쉽게 넘어와주는 여자들을 보면 얼마나 감사하겠는가. 대부분의 여자들이 그래 준다면 남자는 무척 자만감에 빠질 것이다.

바람피우는 것은 한 여자에게 상처를 주고 또 다른 여자에게도 상처를 주는 일이다. 지금 당신이 그 남자를 어떻게 대하느냐에 따라 미래의 여자가 그 남자에게 어떤 취급을 받을 것인지도 연결되어 있다. 자신만이 아니라 세상의 다른 여자를 위해서라도 남자들에게 쉬운 여자가 되어서는 안 된다. 그래야만 바람둥이가 정신 차리고 한 여자를 사랑하는 기쁨을 알게 될 테니까.

인어공주는
왜
결혼하지 못했을까?

절대 '잡은 물고기'가 되지 마라

 간혹 내 글을 보거나 내게서 조언을 받은 사람 중에는 '남자친구가 제가 일부러 연락 안 하는 걸 알고 있는 것 같아요' 혹은 '이 내용을 남자들이 보면 어떻게 하죠?'라고 물어오기도 한다. 걱정할 것 없다.
 남자들은 언제나 일이 우선이다. 책을 보면서 그것을 활용해서까지 연애를 하려고 하는 일은 드물다. 설령 읽는다 하더라도 여자들만큼 진지한 게 아니라 하나의 재미로 보는 것일 뿐, 읽고 나서 깊이 생각하지도 않는다. 남자들이 이 책을 본다고 해도 걱정할 것이 없는 이유는 여기 제시한 방법들이 남자들을 괴롭게 하는 것이 아니라 결국 기쁘게 하는 것이기 때문이다.
 기본적으로 남자들은 밤낮으로 연락해대는 여자들을 좋아

하지 않는다. 물론 여러분들의 연락을 짜증내며 받는 남자는 드물 것이다. 누가 대놓고 짜증을 내겠나? 받는 건 친절할지 몰라도 속마음까지 과연 그럴까? 그저 상냥하게 전화를 잘 받아준다고 해서 여자들이 주야장천 전화를 해대면 남자들은 피곤해하며 질리고 만다.

흔히 '잡은 물고기에는 미끼를 주지 않는다'는 말이 있다. 그보다 더 심한 건 '낚은 기억도 없는 물고기가 있다'는 것이다. 바로 여자가 먼저 고백한 경우다. 남자에게는 낚은 기억도 없는 물고기가 생겨버리는 것이다. 낚은 물고기에게도 미끼를 안 주는 마당에 낚은 기억도 없는 물고기에게 과연 무엇을 해줄까.

여자가 잘해주면 남자는 당장은 기뻐하거나 감동을 받기는 한다. 그러나 애정이 생기지는 않는다. 남자의 애정은 여자를 위해서 무엇인가를 할 때 느껴지는 것이기 때문이다. 여자들이 받으면서 애정을 느끼는 것과는 정반대다. 여자들이 '이렇게 하면 남자친구가 좋아할 거야'라고 생각하는 것은 단지 남자친구를 그냥 나의 입장으로 바꿔놓은 것밖에 되지 않는다. '이렇게 하면 내가 좋아해' 하는 것을 아무 의심 없이 남자친구에게 그대로 해주는 것이다.

남자의 입장에서 생각해보자. 좀처럼 연락되긴 어렵지만 연락되면 반가워하고, 찾아와주지는 않지만 찾아가면 반가워하고, 무엇을 좋아하는지 모르지만 자신이 좋아하는 것을 해줄 때는 어린애처럼 좋아하는 여자. 남자들은 이런 여자를 사랑하지 않고는 못 배긴다. 거꾸로 언제나 자신에게 연락하고 자신이 있는 곳으로 찾아오고 늘 무엇을 해달라고 입에 달고 다니고 원하지도 않았는데 비싼 옷을 사주고 또 가족들까지 챙기려 하는 여자를 어떻게 생각할까? 편한 것과 기쁜 것과 사랑하는 것은 분명 다르다. 오해하지 말자.

내가 말하는 것은 남자를 적으로 만들라는 얘기가 아니라 남자가 좋아하는 것을 하자는 얘기다. 남녀가 행복하게 공존하려면 남자의 역할을 빼앗지 말고 하게 놔두자는 말이다.

어떤 사람들은 '저는 남자와 좋은 관계를 맺기 위해 꼬박꼬박 연락하고 좋아하는 요리도 해다 주고 그랬는데 헤어졌어요. 이유를 모르겠어요'라고 말한다. 그 안에 답이 다 있다. 꼬박꼬박 연락하고 요리도 해다 줘서 차인 것이다. 혹시 그 반대로 해본 적이 있는지 묻고 싶다.

많은 여자들이 먼저 연락하지 않고 대화 줄이기를 시도한 후 남자들의 반응이 좋아졌다는 말을 한다. 이런 방법들이 필자가 맨땅에 헤딩하듯 얻어낸 독특한 노하우이기 때문일까? 아니다! 그저 자연에 근거한 남녀의 원리를 그대로 전하기만 했을 뿐이다.

당신에게는 '나쁜 남자'가 분명히 존재할 것이다. 내 모든 걸 바쳤는데 결국에는 나를 버리고 떠난 '나쁜 남자'. 마음과 몸과 시간과 심지어 돈까지 다 바치면서 사랑했는데 나를 떠난 남자의 얘기는 어디에든 흘러넘친다.

여자들은 나쁜 남자를 두고 집단적으로 온갖 욕을 하고, 그 남자의 이야기를 인터넷에 올려 공개적으로 망신을 줘야 한다는 둥, 직장에 항의 전화를 걸어야 한다는 둥 복수(?) 방법을 생각해낸다. 그러나 이렇게 해서 뭐가 달라질까? 속이 시원하다고? 그렇다면 그 후는? 다른 남자를 만나서 똑같은 패턴으로 사귀다 헤어지고 나서도 또 그럴 텐가?

자신이 변하지 않는 한 비슷한 사건은 계속 일어난다. 늘 내가 만나는 남자는 나에게 모든 것을 빼앗아가고 떠나버리는 나쁜 남자가 된다. 정말 그 남자가 나쁜 남자였을까?

가장 중요한 것은 자신의 생각과 행동이다. 남자의 사랑을 얻겠다는 일념하에 전혀 반대의 행동을 하면서도 잘못된 줄 모르고, 상대방을 탓하며 아무것도 깨닫지 못한 채 남자를 만나고 이별을 하고 가슴 아파하는 이 과정을 매번 반복하고 있는지도 모른다. 그가 왜 나쁜 남자가 되었는지 생각해보라. 그가 왜 다른 여자에겐 충분히 좋은 남자가 될 수 있는지도.

내가 나쁜 남자를 만들지 않아야 다른 여자도 피해를 입지 않는다. 한번 나쁜 남자가 된 남자들은 다른 여자에게도 똑같이 해서 또 자신이 원하는 것을 얻기만 할 것이다. 나쁜 남자를 만나는 악순환의 고리를 끊을 수 있는 것은 오로지 당신의 행동뿐이다.

내 남자가 결혼 이야기를
꺼내지 않는 이유

      남녀의 결혼 적령기가 다른 것은 누구나 다 안다. 실제 통계를 봐도 가장 많이 결혼을 하는 나이대를 살펴보면 여자가 남자보다 몇 살 더 어리다.
      결혼 적령기라는 말보다는 결혼이 가능한 나이로 얘기를 해보자. 여자의 경우 20세에서 35세 정도로 하고 남자는 25세에서 45세 정도로 잡아보자. 여자가 남자를 바라보고 남자가 여자를 바라봤을 때 결혼 가능하다고 생각하는 나이를 어림잡아본 수치다. 여자는 25세(군대 여부에 따라 차이는 있겠지만)에서 40세 정도의 남자와 결혼할 수 있다고 생각할 것이고, 남자는 20세에서 35세의 여자와 결혼할 수 있다고 생각할 것이다. 이는 서로가 기대하는 수요에서 이루어진 나이다.

이대로 계산을 하면 여자는 20세부터 35세, 15년 동안 결혼이 가능하다. 현실적으로 잡자면 25세부터 35세 정도일 것이다. 그렇다면 보통 10년이 결혼 가능한 나이다. 남자는 군대를 고려해서 27세부터 45세까지 가능하다고 보면 18년 동안 결혼이 가능하다. 대충 계산했는데도 무려 8년이나 차이가 난다.

이 이야기를 꺼낸 것은 이 차이가 실질적으로 연애에 영향을 미치기 때문이다. 남자는 자신의 결혼 적령기에 대해서 상당히 관대하다. 20대 남자라면 앞으로 20년 동안은 결혼이 가능하다고 생각한다. 따라서 지금 사귀는 애인과 서둘러 결혼을 할 이유가 별로 없다. 정말로 그녀를 평생 놓치고 싶지 않다는 생각이 들지 않는 한 말이다.

30세의 남자와 30세의 여자가 연애를 시작했다고 치자. 3년이 흘러 남자와 여자가 33세가 되었다. 이때 남자는 자신이 아직도 결혼하기엔 이르다고 생각할지 모른다. 그러나 애인인 여자의 나이에 대해서도 같은 시각으로 봐줄까? 난 아직 결혼 생각이 없지만 당신은 벌써 33세가 되었으니 다른 남자와 결혼하라고 할 남자가 어디 있겠는가. 여자의 결혼 적령기를 배려해주는 남자는 드물다. 이때도 아무 말 없이 둘이 계속 사귀다 또 3년이 흘러 남자와 여자가 36세가 되었다. 남자는 아직도 결혼 생각이 없다면, 여자는 어떻게 해야 할까?

본래부터 결혼 적령기에 대한 인식이 여자와 다른 남자에게 자신의 시간을 맡길 수는 없다. 나는 이런 제안을 하고 싶다. 결혼 적령기(결혼이 가능한 나이)에 있는 남자와 사귀면서 1년 혹은 1년 6개월 정도 지나서도 결혼 얘기가 없으면 결단을 내려야 한다. 그때까지 결혼 이야기를 꺼내지 않는다는 것은 그 여자와 결혼할 생각이 없거나 아예 결혼 자체를 생각해보지 않은 것이다.

  그때는 여자 쪽에서 과감하게 결혼 얘기를 꺼내야 한다. 결혼하자는 얘기가 아니라 결혼에 대한 생각을 묻는다. 남자가 '언젠가 결혼하겠지'라든가 '아직은 결혼 생각이 없다' 혹은 '아직 마음의 준비가 안 됐다', '모은 돈이 없다' 등의 대답을 한다면 그 남자에게서 사라져버린다. 다른 연락이 아닌 '결혼하자'라는 연락이 올 때 다시 만난다.

  이 방법은 상당히 유용하다. 여자가 남자에게서 사라졌을 경우, 남자는 그제야 '이 여자와 평생 살고 싶다'라고 인식하고 '결혼'까지 생각하게 된다. 결혼을 하지 않으면 이 여자가 자신을 떠날 것 같은 불안감에 결혼을 생각하는 것이다. 이것은 등 떠밀어서 결혼하는 것과는 아주 다르다. 침묵으로 남자의 마음을 움직인 것이니까.

  물론 이렇게까지 결심을 안 해주는 남자라면 헤어지고 결혼 생각이 있는 다른 남자와 만나는 편이 낫다.

왜 결혼을
목표로 해야 하는가

     연애를 하면서도 '결혼은 꼭 해야 하나?'라는 의문을 가지는 사람이 많다. 결혼하면 좋겠지만, 그와 함께 있을 수 있다면 굳이 결혼하지 않아도 좋을 것 같다고 생각할지도 모르겠고, 요즘 세상에선 오히려 결혼하면 이것저것 골치 아픈 일도 많으니 그냥 연애만 해도 좋을 것 같다는 생각도 할 것이다. 그러나 막연히 그렇게 생각하다 보면 과연 이 남자와 평생 연애만 할 수 있을까 불안한 것도 사실이다.

     과연 결혼을 해야 할지, 한다면 지금 이 남자와 해야 할지, 아니면 새로운 남자를 만나야 할지 헷갈리기도 한다. 게다가 앞서도 말했듯, 남자와 여자는 분명 결혼 적령기가 다르니 그에 대한 고민도 생긴다.

그러나 당신이 지금껏 결혼을 안 한 가장 큰 이유는 지금까지 결혼하자고 강력히 프러포즈를 해온 사람이 없어서일 것이다. 결혼할 뻔했던 경우가 있었을 수도 있겠지만 결국 남자가 포기했을 것이다.

한 남자에게서 프러포즈를 받는다는 것은 과연 어떤 의미일까? 나는 '인어공주는 왜 결혼하지 못했을까' 카페에서 연애와 결혼을 주제로 학교도 열고 세미나도 진행중이다. 연애가 결혼으로 이어져야 의미를 가진다고 생각하기 때문이다. 또 결혼을 하는 데에는 분명 이유가 있겠지만, 그저 막연히 '결혼해야 한다'라고 느끼는 것도 어쩌면 여자들의 본능일 수 있다고 생각한다.

결혼은 절대로 일부러 피해야 할 만큼 나쁜 것이 아니다. 오히려 정말 사랑하는 사람과의 결혼은 인생의 목표로 해도 좋을 만큼 중요한 일이다. 왜 결혼이 중요할까?

솔직히 연애는 연애로 완성된다고 믿는 남자들이 많다. 실제로 그렇게 행동하기도 한다. '우리는 완벽하니 결혼할 필요가 없다'고 말하는 남자들도 있다. 그러나 결혼이란 말 속에는 남자가 한 여자를, 한 가정을 온전히 책임진다는 뜻이 담겨 있다. 물론 여자에게도 책임은 있지만 그것보다는 평생 한 남자의 보살핌을 받는다는 뜻이 더 크다.

남자가 결혼을 하는 데는, 결혼 생각을 하고 여자를 만나거나 아니면 정말 그 여자를 평생 놓치기 싫어서 결혼하는 두 가지 경우가 있다. 남자가 결혼하기 위해 한 여자에게 프러포즈를 한다는 것은 정말로 대단한 결심을 하는 것이 아닐 수 없다. 그 대단한 결심을 여자에게 선포하는 프러포즈야말로 여자에 대한 최고의 애정 표현이라고 할 수 있다. 그 대상이 '나'가 되는 것이다.

한 남자가 사랑을 하고 결혼을 생각하고 그리고 평생의 동반자로서 한 여자를 선택하는 일은 절대 쉬운 일이 아니다. 그러니 그 모든 어려움을 감수하고 프러포즈를 한다는 것은 애정과 용기의 결정체라고 할 수 있다. 그래서 로맨스 영화에선 뻔히 보이는 결혼을 대단한 해피 엔딩이라고 내놓고 있는지도 모른다.

진정한 사랑을 만나고 그 사랑의 실현을 위해 프러포즈를 목표로 하는 것, 그것은 우리의 정정당당한 꿈이다. 자신을 '결혼이나 꿈꾸는 무능력한 여자'로 생각할 필요가 전혀 없다.

우리가 일생 동안 꿈꾸는 것이 무엇인가? 돈, 명예라고 생각한다면 결혼을 하지 말라고 권하고 싶다. 그러나 평생 변하지 않을 애정을 꿈꾼다면 결혼을 진지하게 생각하라고 말하고 싶다. 나를 평생 사랑해주고 지켜주는 남자와 평생의 사랑을 맹세하는 결혼, 그 무엇보다도 인생 최고의 가치라고 생각한다.

단, 나와 결혼을 생각하지 않는 남자에 대해서 섭섭하게 생각하지 마라. 그들에게도 평생 한 번뿐인 결혼일 테니 충분히 생각하도록 놔줘라.

　이렇게 생각할지도 모르겠다. 여자인 본인도 돈을 벌고 있으니 그 책임감을 나누면 어떻겠냐고. 그러나 그것은 여자의 생각이다. 남자의 책임감이 그 말 한마디로 덜어지긴 어렵다. 남자의 생각을 조정하려 하지 말고 본인의 인생 목표가 무엇인지부터 차분히 생각하자. 그 목표를 따라 차근차근 실행하면 된다.

　결혼을 피해가려 하지 말고 정면으로 부딪혀 보라. 나의 행복은 내가 만들어가는 것이니까.

백마 탄 왕자가
정말 나타날까?

여자는 어렸을 때부터 백마 탄 왕자를 기다리는 꿈이 있다. 오죽하면 '신데렐라 콤플렉스'라는 말이 생겼을까. 그러다가 어른이 되면 자연스레 백마 탄 왕자는 동화 속의 얘기라고 치부하게 된다. 하지만 내가 감히 여러분에게 왕자를 만날 수 있도록 마법을 걸어드리겠다.

인어공주와 신데렐라 이야기를 다시 해보자. 인어공주와 신데렐라의 차이는 누가 더 예뻐서 왕자님이랑 결혼했느냐가 아니라 어떻게 왕자에게 접근했느냐에 결정적인 차이가 있다.

인어공주는 자신이 왕자를 구해주고 목소리를 파는 헌신을 해서 왕자에게 접근했다가 물거품이 되어버렸다. 신데렐라는 잘 차려입고 왕자에게 접근했다가 무도회에서 잠깐 춤추고 사라진 후에 왕자가 유리구두를 들고 올 때까지 기다렸다.

이 부분에서 어떤 여자가 남자의 사랑을 얻을 수 있느냐는 핵심적인 설명을 들을 수 있다. 예쁜 겉모습은 단지 이야기를 꾸미기 위한 장치일 뿐이다. 그러니 우리의 머릿속에는 인어공주나 신데렐라 둘 다 미인일 수밖에. 그러나 연애에 대한 내공은 신데렐라가 제대로다.

그렇다면 '백마 탄 왕자'는 어떻게 해석해야 할까? 우리는 백마 탄 왕자를 만날 수 없다는 절망감이 들면 스스로 행동을 개시한다. '내가 왕자를 찾고 말 거야'라고. 이것은 잘못된 시작이다. 일단 왕자는 기다려야 나타난다. 왕자를 찾아나서는 공주는 어디에도 없다.

그렇다면 왕자는 과연 어떤 사람일까? 우리는 그저 이미지로만 왕자를 생각한다. 얼굴은 잘생겨야 하고 키도 커야 하고 멋진 성에 살고 있다. 그러나 왕자의 핵심은 '공주를 구해주는' 데 있다. 위기에 처한 공주를 구해주고 공주와 결혼하는 것이 왕자의 역할이다. 그럼 백마는 왜 타냐고? 백마 자체는 당연히 멋있다. 백마가 상징하는 것은 기동력이다. 되도록이면 빨리 공주를 구하기 위한 도구인 것이다.

우리는 남의 남자를 평가할 때는 쉽게 말한다. '얼굴은 중요하지 않아'라고 하면서 얼마나 그 여자에게 잘해주는지를 부러워한다. 남들이 부러워하는 남자친구를 갖고 있다면 그 남자친구는 왕자다. 자신이 먼저 접근하지 않았어도 위기에서 구해주는 남자친구가 곧 왕자인 것이다.

    슈퍼맨이 변하기 전의 안경 낀 모습, 신데렐라가 집안일을 하는 모습을 머릿속에 떠올려보라. 그 모습 속에서 멋진 슈퍼맨의 모습이나 아름다운 신데렐라가 보이는가? 그러나 우리가 평소에 보는 모습은 그런 모습이다. 그런 모습을 보면서도 이 남자가 슈퍼맨인지 알 수 있어야 그를 차지할 수 있다. 신문사 기자로 검은 안경을 쓰고 멍한 짓을 하고 머리 한 올 흐트러지지 않은 촌스러운 겉모습만 보고 그가 슈퍼맨으로 변한다는 것을 모르는 당신이 그와 사랑에 빠질 수 있을까?

    진짜 당신의 왕자님을 찾기 위해서는 깊은 통찰력을 가져야 한다. 외모의 왕자에서 벗어나서 내면의 왕자를 찾아야 한다. 잘생기고 백마를 타고 무도회나 즐기는 왕자가 아니라 평소에는 나라를 지키기 위해서 훈련을 하고 있다가 공주가 위기에 처했을 때 달려오는 왕자를. 그러기 위해선 *당신은 인어공주 기질을 버리고 신데렐라가 되어야 한다. 이 원리를 이해한다면 당신도 백마 탄 왕자와 결혼할 수 있다.*

    당신이 만날 미래의 왕자님은 아주 잘생기지도 않았을 것이며 엄청난 부자도 아닐 것이다. 그러나 당신을 위하는 마음만은 세상 그 누구보다 훌륭한 사람일 것이다.

인어공주는
왜
결혼하지 못했을까?

사랑이란
무엇일까?

　　　　　　이제 인어공주가 왜 결혼을 못했는지 그 정답에 가까이 왔다. 왜 지금껏 연애에 실패했는지 알게 되었다면 한 가지 질문이 머릿속을 맴돌 것이다. 그렇다면 과연 '사랑'이란 무엇인가? 지금까지 내가 알아왔던, 계산 없이 순수하게 상대방에게 모든 것을 주는 사랑이란 과연 무엇이었을까? 세상에 사랑은 존재하는 것일까?

　　눈치챘을지도 모르지만 나는 이 책에서 사랑이라는 단어를 최대한 언급하지 않았다. 언급했던 단어는 '연애', '호감', '관심', '좋아한다' 등의 표현이다. 우선 눈앞에 있는 남자, 감정, 사귀는 것, 이런 것들에 대한 얘기로만 정리해봤다. 말 그대로 '사랑'을 쉽게 정의 내리기는 어려우니까.

사랑이란 충분히 주관적이며 개인적인 것이다. 본인이 사랑한다고 믿으면 그것이 사랑이다. 그 누구도 당신의 사랑에 대해서 평가하거나 반박할 수 없다.

내 나름의 개인적 견해를 바탕으로 사랑을 정의한다면 사랑은 열매가 아닐까 한다. 열매를 얻기 위해서는 제일 처음 내가 있어야 한다. 나란 존재가 씨나 모종을 심기 위한 땅을 찾아야 한다. 아무 땅에나 심는다고 다 열매가 열리는 것이 아니니, 그동안의 지식이나 감각을 이용해서 땅을 찾을 것이다. 손으로 만져도 보고 색깔도 보고 냄새도 맡아보며 그 땅이 어떤 땅인지 알아보려 할 것이다. 좋은 땅이란 생각이 들면 씨를 뿌리거나 모종을 심는다. 나무를 키우기 위해 비료도 주고 매일 물도 주고 비가 많이 오면 걱정할 것이며 반대로 비가 적게 와도 걱정할 것이다. 햇빛도 걱정할 것이고 온도도 걱정할 것이다. 그렇게 애지중지 키우다 보면 꽃이 필 것이다. 꽃은 곧 열매가 맺는다는 좋은 신호이니 아주 기쁠 것 같다. 꽃이 지고 열매가 맺힐 것이다. 그러나 이 열매가 정말로 맛있는 열매인지는 또 먹어봐야 안다. 그리고 또 다음 해에 열매가 열리기를 기다릴 것이다.

이런 과정 속에서 본다면 남자를 만나는 것은 '땅 고르기'다. 내가 지금까지 얘기한 것은 어떤 땅에 나무를 심을 것인가에 지나지 않는다. 나무를 심기로 결정하는 것이 결혼일 수도 있겠다.

그 후에도 우리의 인생은 계속된다. 그러나 한 번 나무를 심고 나면 땅을 바꿀 수는 없다. 싫든 좋든 열매가 나올 때까지 기다려야 한다. 나중에 열매를 보고 반성할 수도 있다. 그렇다면 그때는 땅을 고른 나에게 문제가 있을 수도 있다.

열매를 맺기 위한 가장 기초 작업인 땅 고르기, 그것이 사랑의 시작 아닐까? 우리가 사랑에 도달하기 위한 길은 아직 멀다. 땅만 보고 흥분해서 이미 열매가 나온 것처럼 생각해버리지 말자. 과연 이 땅에 나무를 심을 것인가 말 것인가부터 신중하게 결정하기를! 부디 실한 열매를 얻길 진심으로 바란다.

에필로그

지금까지 우리가 몰랐던 연애의 진실

마지막까지 읽은 당신, 왜 인어공주가 결혼을 못했는지 이제 정답을 찾았는가? 필자가 말해주고 싶은 정답은 이렇다.

　인어공주는 자신이 먼저 왕자님에게 다가갔고, 목소리까지 팔아서 왕자의 세계로 갔다. 이른바 먼저 고백하고 헌신한 경우다. 그래서 결혼할 수 없었던 것이다. 만약 왕자가 인어공주를 발견하고 사랑에 빠져서 악마를 찾아가 목소리를 팔고 비늘을 얻어서 바닷속으로 들어갔다면, 인어공주도 신데렐라만큼 행복한 미래를 손에 넣을 수 있었을지도 모른다.

　옛날이야기에도 남녀관계의 원리가 이렇게 버젓이 전해져 내려오고 있다! 어렸을 때부터 지금까지 수없이 들어왔고 남녀노소가 잘 알고 있는 옛날이야기에 우리가 궁금해했던 진실이 숨어 있었는데, 그 진실을 우리는 발견하지 못했던 것이다.

왜 결혼에 가장 성공한 여자의 예가 신데렐라일까?

신데렐라는 왕자님을 만나러 가기 위해 최대한 꾸미고 갔다. 마법까지 동원했으니까. 거기다 열두 시라는 시간 제한을 지키고 유리구두까지 떨어뜨렸다. (자의가 아닐지라도 그런 상황을 만들도록 이끈 건 신데렐라다.) 신데렐라 애니메이션에 나오는 또 하나의 기막힌 대사는 "가야 해요. 왕자님도 아직 못 만났는데"라고 왕자에게 대놓고 말하는 것이다. 뻔뻔스럽게도, 마치 왕자인 줄도 모르고 춤을 췄다는 듯이. 어떻게 보면 왕자의 자존심까지 짓밟은 말일 수도 있지만 결국 왕자가 유리구두를 들고 찾아오게 만든다.

신발을 신어볼 때도 직접 나서는 것이 아니라 신데렐라의 존재를 숨기려는 계모와 언니들의 계략에도 불구하고 왕자의 하인이 '모든 여자에게 신겨 보라' 했다는 명령에 따라 구두를 신게 된다. 왕자가 끝까지 신데렐라를 찾아내게 만들었던 것이다. 왕자는 어렵게 노력해서 신데렐라를 얻은 기쁨이 무엇보다 컸을 것이다.

무조건 잘해준다고, 헌신한다고 좋은 남자를 얻을 수는 없다. 우리는 흔히 잘해주는 것은 나를 희생하는 것이라고 착각할 때가 많다. 다른 사람의 마음을 움직이는 방법은 한 가지가 아니다. 그 사람 입장에서 무엇이 진정으로 그 사람을 기쁘게 해주는 것인지를 생각하고 행동하는 게 나을 수도 있다. 헌신이란 이름으로 남자의 기쁨과 의욕을 빼앗지 말자.

　자, 오늘부터 조금씩 이 책대로 실천하라. 1년 안에 당신은 지금까지 꿈에 그리던 남자와 결혼할 수 있다. 꼭 결혼에 이르지 못하더라도 지금보다는 더 행복한 자신을 발견할 것이다.

인어공주는 왜 결혼하지 못했을까 개정판

초판 1쇄 2014년 2월 10일
5쇄 2020년 2월 20일

지은이 | 피오나

발행인 | 이상언
제작총괄 | 이정아

발행처 | 중앙일보플러스(주)
주소 | (04517) 서울시 중구 통일로 86 4층
등록 | 2008년 1월 25일 제2014-000178호
판매 | 1588-0950
제작 | (02) 6416-3950
홈페이지 | jbooks.joins.com
네이버 포스트 | post.naver.com/joongangbooks

ISBN 978-89-278-0524-3 13320

• 이 책은 저작권법에 따라 보호받는 저작물이므로 무단 전재와 무단 복제를 금하며
  책 내용의 전부 또는 일부를 이용하려면 반드시 저작권자와 중앙일보플러스(주)의 서면 동의를 받아야 합니다.
• 책값은 뒤표지에 있습니다.
• 잘못된 책은 구입처에서 바꿔 드립니다.

중앙북스는 중앙일보플러스(주)의 단행본 출판 브랜드입니다.